霸王之夢

一場歷史的思辨之旅4

呂世浩——著

前言——

萬事萬物皆有兩面存在

在前半輩子的人生中，我運氣最好的事，就是能不斷遇到好老師。傳授我中國學問的是私塾的愛新覺羅毓鋆老師，而傳授我《史記》之學的是臺灣大學的阮芝生老師。

從老師的身上，我學到的讀書思辨方法，簡要來說有十六個字：「設身處地、揣摩通透、體貼入微、洞見表裡」。

第一步是「設身處地」，在我的幾本書中，不斷的問各位一個問題：「在歷史上的那一刻，如果你是他，你會怎麼辦？」當讀到史書中的古人，面對人生的重要抉擇時，那一刻請你把書蓋起來，把自己放在古人的位置上，努力的想該怎麼辦，等到想清楚了，再把書打開，看他怎麼辦，然後比較兩者的得失，這就是最基本的方法。

第二步是「揣摩通透」，讀書要靠工夫，沒有一遍就能成的。有同學曾問我，為何他讀《史記》無法像我一樣有所得？我的回答是，我跟各位談的篇章，我自己起碼讀過幾十遍以上，才能稍有所得。如果各位希望讀一遍就有所得，那只能說天資實在太高。而所謂的工夫，就是多讀書，然後反覆揣摩。揣摩的結果有時雖通而未透，就得再下工夫。「通」和「透」有時只隔一層窗戶紙，但就是兩個境界。怎麼知道自己「透」了沒有？很簡單，當你不斷揣摩後，有一天忽然拍案大叫：「原來如此」！那一刻，你就「透」了。

第三步是「體貼入微」，「揣摩通透」是就「理」字上談，可是人不只有「理」，還有「情」。我少時讀過一個武俠故事，一對俠客夫婦在江上被仇家追殺，眼看著所坐的小船快被追上，妻子為了減輕重量，下定決心要跳入江中，犧牲自己來救丈夫。讀到這裡，不能不感嘆這是何等的愛。可是就在她要跳下去的那一刻，她居然被她的丈夫推人江裡去了！就在那一瞬間，她的心就從極端的愛變成極端的恨。當然，如你我所知，在武俠小說中掉入江中和跌下山崖的人都是不會死的，接下來就是數十年後來報仇的俗套情節了。只是，這一幕始終留在我心中，讓我知道人之「情」的可敬可佩和可懼可怖。現代史學多談理而少談情，因此多研究事而少研究人。中國傳統史學是研究「人」的學問，而要真正了解人，就必須明白他的「情」。

做到上面三步，最後才能求「洞見表裡」。中國文化認為，萬事萬物皆有兩端，陰陽、虛實、正反、表裡等等都須涵蓋，才是完整的整體。我們讀史，也必要注意在表面的言行之下，每個人隱而不顯的那一面又是什麼？只有兩面都理解，才能更明白真相究竟為何。

謹以《秦始皇》、《帝國崛起》、《敵我之間》和《霸王之夢》這四本書獻給恩師，願中華史學傳統不絕，常在人心。

目錄

第一章

不孝之孝

首先，讓我們先從吳國的始祖開始談起。

吳太伯，太伯弟仲雍，皆周太王之子，而王季歷之兄也。

吳國的始祖名叫吳太伯，吳太伯是誰呢？他和他的弟弟仲雍，都是周文王姬昌的伯伯。這位吳太伯在《論語》中，被孔子讚賞為「至德」（德的最高境界），孔子認為他是個偉大的歷史人物。

眾所周知，周朝始於文王、武王。而文王的父親名叫季歷，古人以伯、仲、叔、季排行，從這個名字就知道他是老四。而吳太伯正是季歷的大哥，仲雍是季歷的二哥，他們的父親叫做周太王。

如果列成世系表，就是這樣：

太王——太伯
　　　——仲雍
　　　——季歷——昌（文王）

季歷賢，而有聖子昌，太王欲立季歷以及昌。

太伯是長兄、仲雍是次兄，而季歷最小，本來按宗法應該是長兄繼位。但是問題來了，太王覺得季歷最為賢能，因此最喜歡他。更重要的是，季歷生了一個更加卓越的兒子，名叫昌。因此，太王希望把周國的君位傳給小兒子季歷，再由季歷傳給姬昌。

太王希望傳位給季歷，這是明顯違反宗法的。對於古人來說，宗法的神聖性遠超過今日的憲法，那是絕對不可動搖的，否則便會大亂。在歷史上，已經有無數的例子證明了這一點。

欽定四庫全書

史記集解卷三十一

宋 裴駰 撰

史記三十一

吳太伯世家第一

吳太伯太伯弟仲雍皆周太王之子而王季歷之兄也季歷賢而有聖子昌太王欲立季歷以及昌於是太伯仲雍二人乃犇荆蠻文身斷髮示不可用以避季歷季歷果

立是為王季而昌為文王太伯之犇荆蠻自號句吳荆蠻義之從而歸之千餘家立為吳太伯太伯卒無子弟仲雍立是為吳仲雍仲雍卒子季簡立季簡卒子叔達立叔達卒子周章立是時周武王克殷求太伯仲雍之後得周章周章已君吳因而封之乃封周章弟虞仲於周之北故夏虛是為虞仲列為諸侯周章卒子熊遂立熊遂卒子柯相立柯相卒子彊鳩夷立彊鳩夷卒子餘橋疑吾立餘橋疑吾卒子柯盧立柯盧卒子周繇立周

《史記．吳太伯世家》

但太伯知道了父親的心願，也希望能成全這個心願，但又不希望引起大亂。

假如你是太伯，你知道父親的心願，在這種情況之下，你該怎麼辦？

第一種方法，直接跟父親說，我願意讓位給弟弟。

各位覺得這個選擇怎麼樣？

坦白說，這個方法固然簡單，但實在不是一個好方法。

姑且不論父親和弟弟聽到後的反應，只要這個想法一說出口，必然引起大批恪守宗法的群臣們的反對，內爭立刻開始。因為誰來繼位，並不只是你家的家事，這同時也是國事，更影響了無數人的利益和前途。難道你要挨家挨戶去說服？就算這樣，也不一定能取得共識。

而且你願意讓位，但將來要是你有下一代，難道下一代也甘心

●吳國始祖太伯像

讓出原本應該屬於他們的權位嗎？如果他們不甘心，會引來什麼樣的禍患？

更何況，就算你說了，人家就會相信你說的是真話嗎？假裝謙讓的事，在歷史上還少得了嗎？

第二種方法，這原本就是我的位子，我不讓！

各位覺得這個選擇怎麼樣？

在宗法之下，這個選擇可說是順理成章，誰也不能說什麼。但是父親的心願就會留下遺憾，「則長逝者魂魄私恨無窮」。對孝順父親的太伯來說，這不是他願意看到的。

這也不行，那也不行，太伯到底該怎麼做才好呢？

太伯用了第三種方法，他做了所有人都沒想到的事，他帶著弟弟仲雍，居然跑了！

於是太伯、仲雍二人乃奔荊蠻，文身斷髮，示不可用，以避季歷。

要完成對季歷的讓位，光是太伯一人願意還不夠，還必須取得仲雍的同意。否則長子走了，而次子留下來，還是沒法傳給季歷。沒想到仲雍和哥哥一樣孝順，也希望能完成父親的心願，於是他同意和哥哥一起走。

根據東漢著名學者鄭玄的考證，兄弟倆是在太王生病的時候托言採藥，說要到遙遠的南方去採集藥材，回來治父親的病，就跑到了荊蠻之地，也就是後來的吳國。

父親生病而不在身邊照顧，在一般人的觀念中這是不孝。太伯還不只如此，等到太王病故了之後，準備舉行喪禮。按照古禮，必須由下一任的繼承人，也就是嫡長子來主持。但太伯不在，這下該怎麼辦？於是為了父親的喪禮，季歷便派使者請哥哥們回來奔喪。

接下來，太伯做了第二件所有人都沒想到的事，他和仲雍拒絕回來參加父親的喪禮！

不肯參加父親的喪禮，在一般人的觀念中這還是不孝。等父親下葬之後，季歷又派使者來請哥哥。太伯和仲雍為了表現不願回去的決心，於是他們兩個「文身斷髮、示不可用」。什麼叫做文身斷髮呢？文身，是在身上刺青；斷髮，是把頭髮剪斷。

在古人來看，隨意毀壞父母給你的身體髮膚，這更是不孝。所以《孝經》說：「身體髮膚，受之父母，不敢毀傷，孝之始也。」斷髮文身便是不孝之人，不孝之人當然不能擔當繼承人。

太伯一連做了三件不孝之事，但很少稱讚人的孔子，卻在《論語》中推崇他為「其可謂至德也已矣！三以天下讓，民無得而稱焉」。「至德」是德的最高境界，《史記》更因此把吳太伯放在三十

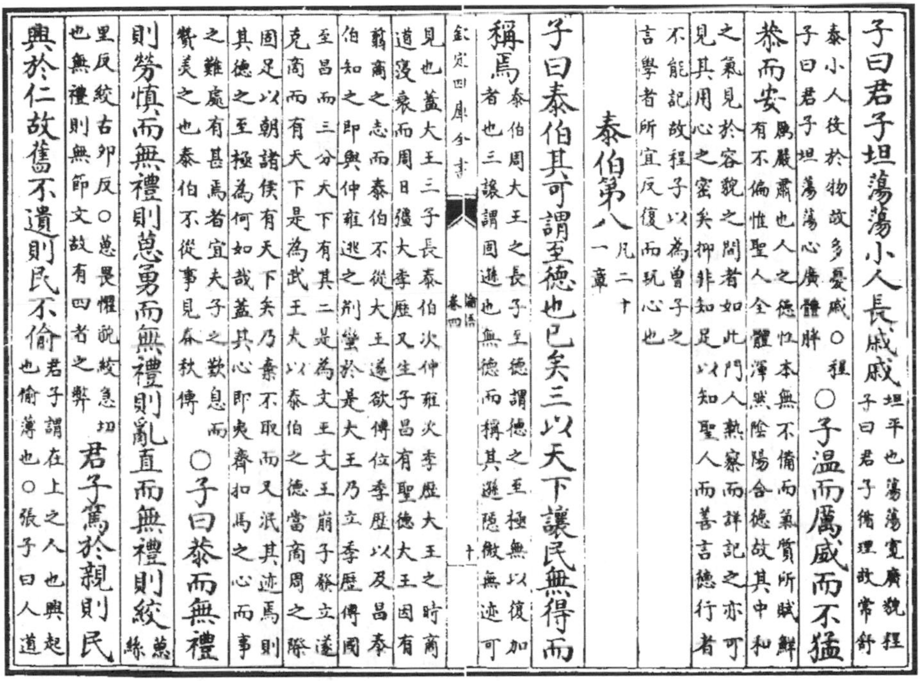

子曰君子坦蕩蕩小人長戚戚坦平也蕩蕩寬廣貌程子曰君子循理故常舒泰小人役於物故多憂戚○程子曰君子坦蕩蕩心廣體胖

○子溫而厲威而不猛恭而安厲嚴肅也人之德性本無不備而氣質所賦鮮有不偏惟聖人全體渾然陰陽合德故其中和之氣見於容貌之間者如此門人熟察而詳記之亦可見其用心之密矣抑非知足以知聖人而善言德行者不能記故程子以為曾子之言學者所宜反復而玩心也

泰伯第八凡二十一章

子曰泰伯其可謂至德也已矣三以天下讓民無得而稱焉泰伯周大王之長子至德謂德之至極無以復加者也三讓謂固遜也無得而稱其遜隱微無迹可見也蓋大王三子長泰伯次仲雍次季歷大王之時商道寖衰而周日彊大季歷又生子昌有聖德大王因有翦商之志而泰伯不從大王遂欲傳位季歷以及昌泰伯知之即與仲雍逃之荊蠻於是大王乃立季歷傳國至昌而三分天下有其二是為文王文王崩子發立遂克商而有天下是為武王夫以泰伯之德當商周之際固足以朝諸侯有天下矣乃棄不取而又泯其迹焉則其德之至極為何如哉蓋其心即夷齊扣馬之心而事之難處有甚焉者宜夫子之歎息而贊美之也泰伯不從事見春秋傳

○子曰恭而無禮則勞慎而無禮則葸勇而無禮則亂直而無禮則絞葸絲里反絞古卯反○葸畏懼貌絞急切也無禮則無節文故有四者之弊

君子篤於親則民興於仁故舊不遺則民不偷君子謂在上之人也興起也偷薄也○張子曰人道

欽定四庫全書　論語　卷四　十

●《論語》中推崇太伯為「至德」之人

世家的首篇，這又是為什麼呢？

從一般人的觀點來看，不侍親疾、不奔父喪、斷髮文身，太伯和仲雍不正是不孝之人嗎？

當然不是！他們的所作所為，其實都是為了成全父親的心願。太王的心願是什麼？是要傳位給小兒子。太王會不會說？他不會說。因為只要他一開口，馬上這個家就要大亂，這個國也要大亂。這是明顯違反宗法的，一旦說出口，兒子們會怎麼想？臣子們會怎麼想？國人會怎麼想？這都不是他能事前意料的，所以他不會說。

但太王沒有說，並不代表別人就看不出來，至少長子太伯就看出來了。太伯看出了父親的心願，也希望成全父親的心願，而仲雍也是如此。

他們兩兄弟下定決心要讓給弟弟，卻一個字也沒有說，他們用做的。因為在這個世界上，做的永遠比說的有力量。

他們先托言採藥，跑到遙遠的地方不回來，哥哥既然都不在，繼承者理所當然應該是弟弟。結果沒想到，弟弟季歷居然千方百計找到了他們，要哥哥回來參加父親的喪禮。根據鄭玄的考證，他們堅持不回來奔喪。因為只要他們回來，必然會是長兄主持喪禮。古代以家治國治天下，主持喪禮者必然是國君繼承人。如果他願意回來主持喪禮，當年又何必跑掉？如果弟弟一勸就回來，豈不代表當年跑掉是假的嗎？

但這時問題來了，就算你明白地說不回來，但弟弟季歷該怎麼辦？他難道能因為哥哥一次說不回，就不再請嗎？當然不能，他還得再派使者來請。他如果再請了，你是回來還是不回來？如果你要回來，前面何必推讓？如果你不回來，萬一對方還要再請，那豈不是徒生紛擾？

因為太伯和仲雍是真心要讓，他們索性一次就把事情做到絕。他們兩人「文身斷髮，示不可用」，這樣就再也不可能回去繼承。讓季歷明白、讓所有周的臣子都明白，他們兩人要讓國的決心。

這就是太伯和仲雍了不起的地方，表面上做的行為都是不孝，但目的是成全父親的心願，這是大孝。如果拘泥俗禮而不做，父親的心願就不能完成，國家徒增紛擾，那反而是大不孝！這就是「通權達變」，在古代把這叫做「不孝之孝」。

在《論語》中，孔子對太伯這樣的行為非常讚賞，稱讚他「其可謂至德也已矣！三以天下讓，民無得而稱焉」。鄭玄的注疏中，解釋「三以天下讓」為「太王疾，太伯因適吳越採藥，太王歿而不返，季歷為喪主，一讓也。季歷赴之，不來奔喪，二讓也。免喪之後，遂斷髮文身，三讓也。三讓之美皆隱蔽不著，故人無得而稱焉」。

為何「三讓之美皆隱蔽不著」？因為太伯和仲雍，在嘴上一個讓字也沒有說，他們不用說的用做的，所以是「至德」。我們一般人所以為德不卒，就是因為說得太多，而做得太少。

近代學者針對太伯奔吳，還提出了另外一種說法。他們提出太伯、仲雍都是因為和季歷政治鬥爭失敗，因此才跑到吳國去的。所以

●孔子像

採藥云云，皆是捏造。

這樣的說法，到底可不可信呢？這需要歷史文獻或考古發現上的證據，但這樣的證據到目前為止還沒有發現，鬥爭失敗不過是後人推測。因此從《史記》的記載來看，太史公並不相信這個說法。

我曾在前面一本書《帝國崛起》中提過，相對於古人常犯「迷信」的毛病，今人則常犯「迷不信」的毛病。今人常常一讀古人的道德故事，就傾向這些全是假的，這個世界上哪有那麼好的人？人彼此相爭都來不及，怎麼可能相讓？因為在他心中，這個世界上豈有真聖賢，全是偽君子！

其實這樣的想法，確實有失偏頗，你沒碰到不代表世上沒有。我們都是凡人，但在凡人之中，確實也有某些人能作出不平凡的生命選擇，所以才能成為君子、賢人和聖人。讀書之前，不妨先了解再批評，先進入作者的世界，了解他到底要說什麼，這就是我所知道的讀書態度。

那麼太伯身為嫡長子，卻作出了一般人認為愚不可及的讓國決定，他又得到了什麼樣的結果呢？

季歷果立，是為王季，而昌為文王。太伯之奔荊蠻，自號句吳。荊蠻義之，從而歸之千餘家，立為吳太伯。

兩個哥哥堅決不肯回來，大家只好立季歷為國君，他就是後來的王季，他的兒子昌便是周文王，太王的心願確實完成了。

而太伯到了荊蠻之地，也就是吳地後，自己起了「句吳」的稱號。《說文》：「句，曲也」，太伯本不是吳人，卻甘心曲而從之，從此成為吳人，「句吳」二字正是他心跡之表露。周人在當時的文化程度高於吳人，太伯更是出身貴族階層。像這樣的人，卻願意長居蠻荒之吳地，因此得到了當地人的尊敬，有一千多家的人願意追隨他，立他為吳國的君長，所以他從此便被稱為吳太伯。

太伯讓掉一國，最後又自開一國。他做的是好事，最後也得到了好結果。

好人有了好報，固然令人欣喜，但歷史上並不是所有的好人都有好報。因此，這裡還是要問：「為什麼」？

太伯讓國能有好結果，主要因為兩個原因：

第一，東方思維和西方思維最大的不同，在於看待事物永遠有陰陽兩面。孤陰不生，獨陽不長，想要生生不息，就必須陰陽並存。如果以做事來說，除了有道德，還得有智慧。太伯不但有讓心，而且有讓術；讓心真誠，而且讓術高超。步步都做到絕，令人沒有防止或改變的餘地，所以才能成功。

第二，而所以每步都能做到如此乾淨漂亮，最主要的原因在於太伯是真心要讓，沒有半點虛假或猶豫。道家說：「平直做去，自然水到渠成」，關鍵便在於此。

●周文王像

但在這件事上，其實除了太伯，還有一個人功勞最大，那就是仲雍。如果他不願讓國，不願玉成此事，而是把大哥走了當成是自己的機會，那麼一樣不會有圓滿結局。

太伯讓出一國，又自開一國，那麼仲雍讓國，又得到了什麼呢？

太伯卒，無子，弟仲雍立，是為吳仲雍。

太伯後來沒有兒子，因此他死後，就把國君位子傳給了弟弟，仲雍和他的子孫從此成為吳國的國君。

仲雍卒，子季簡立。季簡卒，子叔達立。叔達卒，子周章立。

四代之後，就在周章的時代，發生一件改變天下命運的大事。統治天下數百年的商朝滅亡了，周取代了商成為天子。

●周武王像

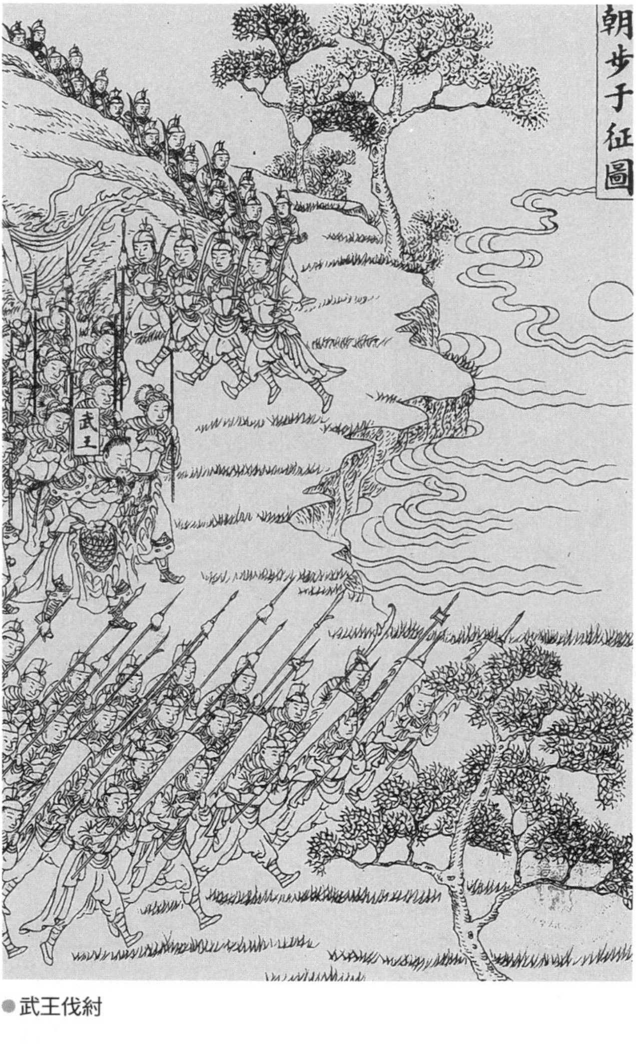

●武王伐紂

是時周武王克殷，求太伯、仲雍之後，得周章。

周武王代商之後，想起當年因為太伯和仲雍願意讓國，自己才有今日為天子的成就，他深深覺得感激。那時正是周初大封天下諸侯的時代，因此武王四處找尋兩人的後代，希望回報他們的恩德，最後終於找到已在吳國為君的周章。

周章已君吳，因而封之。乃封周章弟虞仲於周之北故夏虛，是為虞仲，列為諸侯。

周章已是吳國的國君，於是周武王「因而封之」，就地承認他的統治權。但這畢竟原本就是人家的國家，實在算不上報恩。所以武王再封周章的弟弟虞仲為君，把他封在黃河北邊，也是過去夏王朝京畿之地的虞國，列為周朝的諸侯。

周章卒，子熊遂立。……，子句卑立。是時晉獻公滅周北虞公，以開晉伐虢也。句卑卒，子去齊立。去齊卒，子壽夢立。壽夢立而吳始益大，稱王。

如果各位看過我前面一本書《帝國崛起》，相信對虞國還有記憶。沒錯，就是那個虞國！那個出賣了多年盟友虢國，那個唇亡齒寒被晉國一起滅亡，那個最後成為千古笑柄的虞國。

從太伯開始，五代之後分為吳國和虞國。十二代之後，虞國就被晉國滅了。《史記》在〈吳太伯世家〉中特別強調「以開晉伐虢也」，正如在〈秦本紀〉中強調「以璧馬賂於虞故也」，都是說明虞國乃因見利忘義而亡。

再過兩代，吳國傳到了壽夢，國勢開始強大起來，於是稱王。

●周初大封天下諸侯

> 自太伯作吳，五世而武王克殷，封其後為二。其一虞，在中國；其一吳，在夷蠻。

一個位在黃河北岸的虞國，居然會和千里之外位在長江南岸的吳國，原來是兄弟之親。如果不是文獻的清楚記載，誰能相信？其實從字形上來看，「虞」的下半部正是一個「吳」字；從字音上來說，吳、虞二字在《集韻》都是元俱切，讀音基本相同（在今日的閩南語中，兩音仍然相近），可見吳虞源出一國，並非虛構。

也有的學者懷疑（現代學者對古書記載有各式各樣的懷疑，族繁不及備載），吳國其實是蠻族，所謂太伯奔吳是他們虛構的傳說，用來拉抬自己的祖先，提高國家的地位。

虛構祖先的事情在歷史上固然有之，但不能因此說人人的祖先都是虛構。至少從周武王「求太伯、仲雍之後」，並分封虞仲的事蹟來看，至少吳國人相信太伯是吳國的始祖，周武王相信太伯是吳國的始祖，而虞國也相信太伯是吳國的始祖。不管各位相不相信，至少當事人自己通通相信。除非要說所有人一起造假，否則在沒有更堅強證據的情況下，也只能相信這很有可能是真的。

仲雍跟著哥哥一起讓國，他讓掉一國，最後子孫還得了兩國。

> 十二世而晉滅中國之虞。中國之虞滅二世，而夷蠻之吳興。大凡從太伯至壽夢十九世。

這是針對前文的總述，因為一個嶄新的時代就要開始了。而這位開創吳國新時代的人物，就是壽夢。

雖然這個新時代，未必是吳國人所想要的。

第二章

誰想讓？誰不想讓？

王壽夢二年，楚之亡大夫申公巫臣怨楚將子反而奔晉，自晉使吳，教吳用兵乘車，令其子為吳行人，吳於是始通於中國。

壽夢即位的第二年，楚國有一個大夫申公巫臣，因為和楚國大將子反爭奪女人而生怨，最後居然投奔了晉國。他到晉國去做甚麼呢？當然是去賣國的。

申公巫臣給晉國獻了一條計策，就是聯吳制楚。

原來在春秋中後期，天下的局勢基本上就是晉楚爭霸。晉國跟楚國各是南北的超級強國，雙方互有勝負，卻都奈何不了對方。申公巫臣曾經擔任楚國的大臣，對楚國的虛實非常了解。於是他告訴晉國，楚國的東邊有一個世仇叫吳國，如果能幫助吳國強兵，就可以聯合吳國兩面夾擊楚國。

於是申公巫臣自晉使吳，教吳用兵乘車。令其子為吳行人，吳於是始通於中國。

申公巫臣不僅提出計策，還親自執行。他擔任晉國的使者，到吳國去輸入先進軍事技術，教吳國人使用戰車。同時還讓自己的兒子擔任吳國的外交官，幫助吳國和中原各國往來交流。

吳國本是東南蠻荒之國，忽然間來了先進國家的使者，願意不計報酬的幫助他們強大，還帶領他們發現了中原的繁華文明世界，真是天上掉下來的禮物啊！

但是，天下真的有這樣不用付出任何代價的好事嗎？

答案，當然是沒有。

吳國因為有晉國的幫助，增強了自己的實力和野心，於是開始陷入了和楚一連串的戰爭之中。雙方連年交戰，死傷慘重，更重要的是楚國面對晉吳的夾擊，更不可能束手待斃。所以楚國決定「聯越制吳」，聯絡在吳國背後的越國，幫助他們強大，讓越國來夾擊吳國。

如果各位對國際局勢的演變有興趣，建議可以熟讀春秋戰國的歷

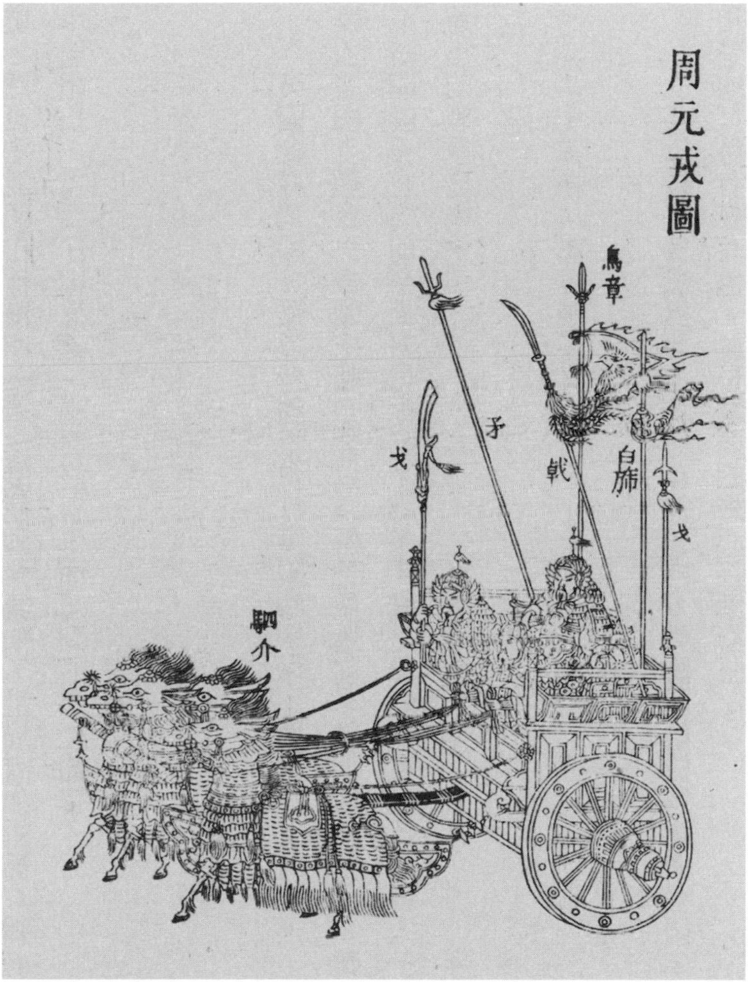

●春秋時代的馬戰車

史，然後才能明白什麼叫「牽一髮而動全身」。世局有如棋局，裡面環環相扣，需要仔細思索，絕對沒有表面想到的那麼簡單。

吳伐楚。十六年，楚共王伐吳。

吳國會打楚國，難道楚國不會打吳國嗎？你想擴大自己的領土，難道楚國就願意失去領土嗎？你以為幫晉做馬前卒就能威脅楚國，難道楚國就沒有馬前卒來對付你嗎？結果，就是你的國家從此要捲入一連串的戰爭之中。

二十五年，王壽夢卒。

九年以後，吳王壽夢逝世。在他任內，吳國開始成為東南強國，和楚國打得有聲有色，於是壽夢的野心逐漸膨脹。

●壽夢像

壽夢有子四人，長曰諸樊，次曰餘祭，次曰餘眛，次曰季札。季札賢，而壽夢欲立之。

壽夢有四個兒子，按長幼次序分別是諸樊、餘祭、餘眛、季札，季札雖然最小卻最為賢能，因此壽夢希望將國君之位傳給季札。

讀到這裡，各位有沒有似曾相識的感覺？

是的，這不就是當年周太王面對的情況嗎？這就是壽夢為何稱王的原因，因為他希望效法他的祖先周太王，讓吳國子孫有一天可以北進中原，成為新的天子。

但壽夢卻做了一件周太王沒有做的事情。

季札讓不可。

從這五個字來推測，各位認為壽夢有沒有把傳位季札的想法說出口？

答案是「當然有」。壽夢忍不住把這個話說出口了，因為如果他沒有說出口，請問季札何必要讓？

什麼叫做「讓」？應該是你的，你不要，才叫做讓；如果本來就不是你的，你讓什麼讓？如果壽夢沒有開口說要傳位給季札，這位子本來就應該是大哥諸樊的，季札又何必主動表示我要讓？豈不是自作多情，多此一舉？

所以就從這裡的讓不可三字，就可以知道壽夢一定把這個話說出口了。

這下就麻煩大了。

首先，君位傳承自有宗法，不是父親能夠私相授受。起碼還得問大哥同不同意？大哥就算同意了，還有二哥、三哥同不同意？就算他們都同意了，那麼大臣們同不同意？更重要的是，大哥、二哥、三哥的孩子們同不同意？

壽夢一意孤行，季札如果接受，這個家就要亂，這個國就要亂。季札除了堅讓不可，又能如何？

面對小兒子季札的推讓，壽夢十分無奈，但他又不肯放棄自己的願望。最後他想出一個辦法，來解決這件事。

> 於是乃立長子諸樊，攝行事當國。

就是讓他的長子諸樊在弟弟沒有同意之前，暫時代理攝政，直到弟弟同意再傳位給他。

各位認為，壽夢想出來的這個辦法怎麼樣？

坦白說，真的不怎麼樣。

立儲乃是國之大本，壽夢的做法不過就是拖延而已。夜長夢多，在這段代理攝政的過程中，你置諸樊於何地？他明明是長子，卻只被當作保管君位的代理人，他又會怎麼想？

各位等著看吧，事情只會越弄越複雜。

而且更重要的，從這樣的做法來看，壽夢明顯的已將傳位小兒子的想法跟諸樊說了。而面對父親的無理要求，諸樊恐怕也同意了。

既然諸樊同意了，只要季札也接受，這件事不就可以圓滿完成了嗎？但真的是這樣嗎？

當然不是，如同前面所說，這件事牽涉的人事太複雜，不是幾個人可以私相授受。即使就這幾個人來看，諸樊雖然口中同意要讓，但恐怕並非真心，否則他就不會留下來「攝行事當國」了。

各位看到這裡，不免會有疑問：如果諸樊真心要讓，他該怎麼做？

跑啊！吳國的始祖太伯不就已經跑給你看過了嗎 ？你怎麼不跑呢？

現成的範例就在那裡，身為吳國子孫，怎會不知？太伯當年真心要讓，不就帶著弟弟一起逃跑了嗎？知而不行，不但沒走，還留下來「攝行事當國」，不就知道諸樊終究還是捨不得君位嗎？

王諸樊元年，諸樊已除喪，讓位季札。

等到壽夢逝世，喪禮辦完了，這時候諸樊立刻表示要讓位給季札。

請問如果你是季札，這個時候你應該怎麼辦？是接受還是不接受？

當初不接受，等大哥把父親的喪事辦完，然後你才來接受君位。辛苦的事留給人家，占便宜的事就自己來，賢者如季札，焉能做出這樣的事？如果現在要接受，當初又何必推讓？

季札當然不接受，因為他知道大哥不是真心要讓。

如同前面所說，如果諸樊真心要讓，為什麼不乾脆逃走？他沒有逃走，還留下來主持完成父親的喪禮，這個時候你才說你要讓位給弟弟，叫季札如何接受？

季札再次的謝絕，希望大哥能安心繼承原本就該屬於他的君位。為此，季札說了一段很長的話，來表明他的心跡。

季札謝曰：「曹宣公之卒也，諸侯與曹人不義曹君，將立子臧，子臧去之，以成曹君，君子曰『能守節矣』。君義嗣，誰敢干君！有國，非吾節也。札雖不材，願附於子臧之義。」

季札對諸樊說「君義嗣，誰敢干君」。「義嗣」就是以義當嗣。因為諸樊是大哥，是宗法明定的繼承人，而且只有嗣君才能幫先君主持喪禮，如今喪禮已經辦完了，理所當然的應該是大哥繼位。

這段話中，季札提到了距離他們十多年前在曹國發生的子臧讓國之事。

前面提到，春秋中後期基本就是晉楚爭霸的格局，有點像是後來的美國和蘇聯，雙方各自帶著一堆附庸的小國進行對抗。在西元前五七八年，晉厲公率領著多國聯合部隊去進攻秦國，其中包括了魯國、齊國、宋國、衛國、曹國、邾國、滕國等。但就在這年夏天的五月，帶兵前來的曹國國君宣公在軍中逝世。於是曹國人決定派曹宣公的庶子子臧前來迎接父親遺體回國安葬，另一名庶子負芻輔佐年幼的太子留守國內。沒想到，公子負芻居然趁這個機會殺了太子而自立為國君。

曹國人都不齒負芻的作為，諸侯們也都不齒負芻的作為，因此紛紛要求盟主晉國立刻帶領各國聯軍進攻曹國。但這時因為伐秦，聯軍早已兵疲力盡，於是晉國跟各國約好先各自回國休養一年，然後再一起去討伐弒君自立的負芻！

這年冬天，子臧帶著父親的遺體回到曹國，等喪事辦好，他就決定離開曹國。結果沒想到聽說子臧要走，曹國全國人（當時的很多國家其實只有一座城）都要跟他一起離開，負芻這時害怕了，於是親自向子臧謝罪，拜託子臧不要走，否則曹國就立刻散了。子臧不願意曹國因為自己而離散，否則自己就成了罪人，於是他只好暫時留下來。

西元前五七六年春天，晉厲公再次率領多國聯合部隊進攻曹國，曹國人立刻投降，負芻就被抓到京師去。這時晉國和諸侯們，都提出要殺負芻並立子臧為新君，但子臧卻拒絕了。

子臧說：「前志有之曰：『聖達節，次守節，下失節』。為君，非吾節也。雖不能聖，敢失守乎？」

什麼意思呢？子臧引用古書上的一句話：「聖達節，次守節，下失節」。只有聖人才能通權達變，用非常的手段去達到正確的目的，例如湯武革命、太伯讓國等。其次的君子只能緊守規矩分寸，不敢不擇手段，以求守住節義。而最下的小人卻喪失節義，不擇手段，唯利是圖。

子臧也清楚這不是最好的選擇（聖達節），但也絕不會是最糟的選擇（下失節），但這是他唯一願意作的選擇（次守節）。

歷朝歷代以來，有多少人一開始都是以能達節自命，於是不擇手段去完成他心中的理想。但一路上不正的手段用得太多，然後量變造成質變，自己當初的本心就衰微消失，到了最後不免淪為小人，甚至成了千古罪人，這樣的例子還少了嗎？

子臧自問不是聖人，但他也不希望淪為小人，他選擇的道路是「守節」。所以他說：「雖不能聖，敢失守乎？」什麼是他的「節」？子臧清楚的說：「為君，非吾節也」，本來不該是我的，我就絕不會要，這就是我的節。

●季札像

子臧不但辭讓君位，而且出面對內調和眾意，維持國家不使動盪；對外於京師盡力活動周旋，營救自己的兄弟負芻。足見他是真心如此，非至仁君子誰能為之？

不因富貴而自違其初心，也不願殺兄弟來獲得權位，這就是子臧的讓國。

子臧這樣的行為，現代人聽起來似乎頑固愚蠢。但在那種為了爭權奪利，臣弒其君、子弒其父、兄弟相殺的春秋時代，連子臧這樣的守節之人都已經難能可貴，這就是時代的悲哀。

到最後諸侯們一再強請，子臧怎麼說都沒有用，於是子臧就……跑了！他跑到了宋國去。

這時曹國人向盟主晉國請願，他們說先君宣公是因為遵奉盟主號令出兵而逝世，而後太子被殺，負芻又被晉國抓走、子臧也被晉國逼得逃跑，曹國淪為無君的局面，難道晉國是要滅曹嗎？如果曹國有罪，那晉國為何讓先君參加聯軍伐秦？如果曹國無罪，又為何讓曹國面臨憂患？盟主是因為賞罰公正才被諸侯所擁戴，如今為何獨獨對曹國不講公正？

晉厲公被曹國問得啞口無言，只好請子臧回來，對他開出條件：「子臧返，吾歸爾君」，於是子臧立刻回國，負芻也隨之被放回曹國，這就是後來的曹成公。子臧雖然回國，但隨即辭退了負芻給他的所有封邑和俸祿，從此不再出仕。

我沒有能力改變這個荒唐的時代，但我也不會因為這個時代來改變我的本心，這就是子臧的選擇。

子臧的作為，被當時的君子稱讚為「能守節矣」。而如今季札引用了子臧的故事，他也說「有國，非吾節也」，就是向大哥表明他的心跡。

從一開始季札就沒打算要這個不該屬於他的君位，當初沒接受，現在也不會接受。最後他說「札雖不材，願附於子臧之義」，希望大哥安心繼承國君之位。

本來哥哥就不是真心要讓，如今弟弟也表示哥哥應該繼位，事情到這裡本該作一了結。可惜的是，這場紛亂才剛剛開始而已。

吳人固立季札。

這時吳國人紛紛表示，應該堅持要立季札，因為這是先君壽夢的心願。原來壽夢想傳位季札，在吳國竟是人盡皆知！（天啊，壽夢你到底跟多少人講過這件事？）

事情越來越複雜了，試問如果你是季札，你該怎麼辦？

大家可能會說，那就接受啊！

但季札不會這麼做。

當初不接受，如今卻因為國人敦請而接受，等於是挾民意的壓力來逼大哥讓位，這樣是合乎道義的行為嗎？

季札棄其室而耕，乃捨之。

古代所說的室，就是是指今天的小家庭；古時候所說的家，其實是指今天的大家族，通常指的是士大夫以上的貴族之家。因此所謂的「棄其室」，就是季札決定離家出走，到城外找片空地過著自耕自食的生活。

到這一刻，吳國人只好放棄。因為再逼季札，季札說不定就學子臧，真的離開吳國了。最後諸樊在弟弟的幫忙下，終於登基成為了吳國的新君。

秋，吳伐楚，楚敗我師。

諸樊繼位之後，延續父親時代的國策，繼續進攻楚國，但卻迎來戰敗的結果。戰敗之後，吳國人會改變國策嗎？如果各位有這樣的想法，就太不了解吳國人的性格了。戰敗之後，吳國人只會重整旗鼓，準備下一次再來！

十三年，王諸樊卒。有命授弟餘祭，欲傳以次，必致國於季札而止，以稱先王壽夢之意，且嘉季札之義，兄弟皆欲致國，令以漸至焉。

諸樊即位後的第十三年，他就逝世了。在死前，諸樊想了一個好主意，來解決父親遺命的問題。什麼樣的主意呢？就是他先當國君，等他死了再傳位給弟弟餘祭，等餘祭死了之後再傳位給弟弟餘眛，等餘眛死了就傳位給季札。哥哥輪流當下去，最後通通死光光，不就理所當然應該是季札繼位嗎？這樣既完成了父親的心願，又成全季札讓國的道義；還讓兄弟們都當上了國君，也都有讓國之美名。這不是面面俱到、各全其美的好事嗎？

諸樊的這個主意，各位覺得怎麼樣？

坦白說，還是不怎麼樣。

說得更直接一點，這是一個很蠢的辦法。

大家可能會問，為什麼呢？父親希望傳位給小兒子，小兒子因為覺得這破壞宗法不能接受。所以大哥才想出這個辦法，一個哥哥、一個哥哥地輪流當下去，最後一定會輪到小弟弟季札，這樣子不就是幫季札解套，讓他順利成章的當上國君嗎？這不是非常漂亮嗎？

學歷史要用頭腦，要學會思辨。我問各位：

第一，按照諸樊的計畫，他必須先傳位給兩個弟弟，兩個弟弟都當完國君後，才會輪到季札。三人前後相繼為君，時間想必不會太短。試問，萬一季札在這段時間中死了呢？

人的壽命是天定的，沒有人能知道會活多久？並不是最年輕的人就會最晚死。如果季札先死了，這個圖謀豈不是落空了嗎？因此這個辦法，首先在可行性上就大有疑問。

第二，我們就假設季札年紀最小，所以也會最晚死好了。試問，大哥當完國君換二哥當；二哥當完國君換三哥當，等三哥當完國君後，季札該是幾歲？

以常理論，每個哥哥都當個十年的話（除非每個哥哥都短命，那是運氣好你碰上了，正史中他的三位哥哥合計當了三十四年國君），季札登基豈不在三十年以後了？到時季札已經老了，還能再當幾年國君？就算他再賢能，這又有何意義？

從這樣的規劃來看，縱使諸樊是真的要讓，我們也只能說他的智慧實在是夠差，怎麼會想出一個這麼糟糕的辦法？

當然，這個辦法是否真的糟糕，不能光用道理來推測。歷史學不講空話，所有的東西、道理，都必須要用時間和實際的歷史事實來加以印證。各位不妨看一看，這樣一路讓下去，到底會是什麼樣的結果？

第三章

這是何等人物？

季札封於延陵，故號曰延陵季子。

哥哥們為了表示自己對弟弟的看重，於是禮遇季札，將延陵（今江蘇省武進縣）做為季札的封地。也因如此，所有人都尊稱季札為延陵季子。

王餘祭三年，齊相慶封有罪，自齊來奔吳。吳予慶封朱方之縣，以為奉邑，以女妻之，富於在齊。

二哥餘祭繼位後三年，收留了因罪逃亡的齊國宰相慶封。收留慶封也就算了，但吳國對於慶封的禮遇卻遠超想像，不但給予封地，還將公主嫁給他，慶封居然比在齊國當宰相時還要富有！

事出反常必有妖，禮下於人必有求。各位不妨猜猜看，吳國為何對慶封這麼好？

答案當然是，為了日後北進中原做準備！吳國要北進中原，首當其衝的大國便是齊國，慶封曾任齊相，不正是用來了解齊國虛實的最好對象嗎？

一邊還在和楚國作戰，一邊已經準備對齊國下手。吃著碗裡的，看著鍋裡的，吳國啊，你的心真夠大的啊！

四年，吳使季札聘於魯。

吳國為了了解並聯絡中原諸國，準備派一名外交使者前去巡迴訪問。這是一場外交盛事，而且吳國本為蠻荒之國，因此必須派一名地位尊貴、受過良好禮教、賢名素著的人來擔任使者。

派誰去好呢？沒錯，當然就是季札。

而這場盛大的中原多國訪問，第一站便是魯國。

魯哀公問政於孔子孔子對曰政之急莫大乎使民富
且壽也省力役薄賦斂則民富矣敦禮教遠罪戾則民
壽矣公曰寡人欲行夫子之言恐吾國貧矣孔子曰詩
云愷悌君子民之父母未有子富而父母貧者也
家語

●魯哀公問政於孔子

●詩、歌、樂、舞，四者合一的「周樂」。

請觀周樂。

魯國乃是周公之後，周公對於周朝有莫大的功勳，待遇比照天子。因此魯國保留了周朝完整的禮樂制度，是東方的文化大國，後來的孔子正是誕生在這樣的國家中。

在今天由於錄音技術的進步，音樂十分普遍甚至氾濫。但在古代，音樂卻是一種稀缺性資源。季札好不容易來到魯國，他當然希望能藉這個機會，一聞當年周朝的所有音樂。

各位如果細心的話，就會發現這裡用了一個很有趣的字：「觀」。

音樂是用「觀」的嗎？為什麼在這裡要說「請觀周樂」呢？

讀書要心細，每一個字都要仔細探索它背後的含義。在中國古代的文化之中，有詩必有歌、有歌必有樂、有樂必有舞，廟堂上的正式音樂演奏，往往是詩歌樂舞四者合一。這是一個整體，所以叫做「請觀周樂」。

在觀周樂之後，季札接著又到其他國家去訪問，我們來看看他在其他國家的表現。

去魯，遂使齊。說晏平仲曰：「子速納邑與政，無邑無政，乃免於難。齊國之政將有所歸；未得所歸，難未息也。」故晏子因陳桓子以納政與邑，是以免於欒、高之難。

季札離開魯國之後，接下來去訪問齊國。他見到了齊國的名大夫晏嬰，兩人都是德才兼備的君子，自然很快的就成為朋友。既然是朋友，就不能不說真話，季札對晏嬰提出了一個建議。

什麼建議呢？就是把你的封地跟官職交出去，而且要快！

各位可能會說，哪有這樣勸朋友的呢？封地是代表了財富，官職代表了權勢，你不幫你的朋友增加財富和權勢，反而建議他丟棄財富

●晏嬰像

和權勢？有這個道理嗎？

其實，真的有這個道理。每個人面對的環境和時代不同，自然就有不同的做法。當時齊國即將大亂，大夫陳桓子勢力越來越大，看見齊國接連出現幾代昏君，野心日漸增長，準備謀朝篡位。為了達到這個目的，他開始挑撥齊國的其他大夫鮑氏、欒氏、高氏內鬥，然後乘機一一剷除。

晏子也是齊國重要大夫之一，他上有昏君，周圍有惡鬥的同僚，背後有虎視眈眈的陳桓子。他該怎麼辦？站在昏君的那邊，眼見毫無希望；站在篡臣的那邊，又非他所願。規勸同僚不要惡鬥，恐怕連神仙也不一定辦得到。他偶一不慎，就是滅頂之災。

因此季札站在朋友的道義，告訴他「無邑無政，乃免於難」，趕快避開這場大難。「齊國之政，將有所歸。未得所歸，難未息也」，齊國的政權最後一定會到陳桓子手上，但勝負還沒有得到最後結果之前，這場大難不會止息，不知道還要填進多少人！

改朝換代，是歷代失德所致，也是天命所趨，這其中沒有絕對的對錯可講。但一個智者，至少不該做任何沒有意義的犧牲。後來晏子聽了季札的勸說，將官職和封邑全部交了出去，於是陳桓子不再以晏子為目標，晏氏得以在內亂中倖免於難。

去齊，使於鄭。見子產，如舊交。謂子產曰：「鄭之執政侈，難將至矣。政必及子，子為政，慎以禮。不然，鄭國將敗。」

季札離開齊國後，接下來去訪問鄭國。他見到鄭國公子「子產，如舊交」，什麼叫「如舊交」？就是一見如故，第一次認識對方就好像老朋友一樣，因為才智相當、意氣相投。

他同樣對子產提出建議，他說鄭國目前的執政者奢侈糜爛，國難就快要來臨了！季札觀察鄭國的貴族們，唯有子產人才出眾，他預料大難之後，鄭國一定會讓子產來執政。他勸子產等他當政的時候，必要記得以禮治國，否則不能夠免於日後鄭國的衰敗。

後來鄭國果然生亂，子產也成為了一代名相；但等子產死後，鄭國仍然走向了衰敗的命運，這些全部都被季札料中了。

各位看季札這個人，到哪裡去都講你們的國家將有大難，是不是個標準的烏鴉嘴？

其實季札是一片好心，為什麼呢？因為君子見一葉落而知秋，看到一個端倪，就知道後面要發生什麼事情。那一般人呢？一般人沒有聽到春雷響，都不知道春天要來臨了；甚至事情已經擺在了眼前，他都還不相信，這就是有沒有智慧的差別。

去鄭，適衛。說蘧瑗、史狗、史鰌、公子荊、公叔發、公子朝曰：「衛多君子，未有患也。」

離開鄭國後，季札接著訪問衛國。他認識了衛國許多的貴族名

●子產像

臣，最後得到了一個結論：「衛多君子，未有患也」。衛國有這麼多的君子在位，國家不會有大患難。

終於有一個國家沒大難，善哉善哉！

為什麼呢？因為君子進，小人就退；反過來，君子退，小人就進，就這麼簡單！衛國既然有這麼多君子在位，可見小人不能危害國家，又有什麼好擔心的呢？

自衛如晉，將舍於宿，聞鐘聲，曰：「異哉！吾聞之，辯而不德，必加於戮，夫子獲罪於君以在此。」

季札離開衛國，往晉國去，本來按照預定行程，晚上會在「宿」這個地方住下來。結果在過夜之處，忽然聽到有演奏鐘鼓的樂聲，他感到非常吃驚。

為什麼呢？季札說：「真是太奇怪了，我聽說一個人常靠口才壓倒別人，但卻沒有實際的德行令人心服，這樣的人最容易招來殺身的禍患。這位夫子之所以得罪他的君主，就是因為這個原因。」

「懼猶不足，而又可以畔乎？」

季札說的這位夫子是誰呢？他名叫孫文子，是衛國的大夫，因為巧言得罪君主，於是依附晉國。季札說：「這個時候，夫子心中感到恐懼應該都來不及，居然還有心情聽音樂演奏嗎？」

在古時候，音樂分大樂和小樂：廟堂之上用大樂，是以鐘鼓演奏；私家之中用小樂，是以琴瑟演奏，所以後世用「琴瑟和鳴」形容夫妻相處。孫文子已經因為辯而不德而獲罪於君。如果他檢討自己過去的不是，就應該恐懼罪己。結果他居然演奏廟堂上的鐘鼓音樂引以為樂，可見他全無反省之意！

「夫子之在此，猶燕之巢于幕也。」

季札又說：「夫子離開故國，在晉國全無根基，就好像燕子築巢在四邊圍起來的布幕之上。」知命者不立於危牆之下，更何況是築巢於布幕之上，這豈不是朝不保夕嗎？

各位可能會想，人在心情不好的時候，聽聽音樂不是很正常嗎？孫文子可能也是如此，季札是不是太苛刻了？

「君在殯而可以樂乎？」

而這句話就解答了大家的疑問，當時衛國國君逝世，正是舉行國葬的期間，孫文子身為衛國人，卻全無哀痛之意，反而奏樂行樂。姑且不論他的良心過不過得去，消息傳出去，衛國人會怎麼看？晉國人又會怎麼看？一個對君主過世幸災樂禍之人，別國真的敢重用你嗎？

遂去之。文子聞之，終身不聽琴瑟。

季札立刻連夜離開這裡，恥與這樣的人同居一地。後來孫文子知道這件事情，他感到無比羞愧，此後終生連琴瑟都再也不聽，更何況是鐘鼓！也就是說他終生不聽音樂演奏，因為他對做錯的事情感到非常後悔。

適晉，說趙文子、韓宣子、魏獻子曰：「晉國其萃於三家乎！」

季札到了晉國，當時有智、范、中行、趙、魏、韓六家大夫掌握晉國政權，而他獨獨對趙、魏、韓三家大夫青眼有加，認為將來晉國終究要落入他們三家手中。而這三家大夫，後來就是分晉的趙、魏、韓三國祖先。這是他對未來的預言，而季札的預言後來全部都應驗。

將去，謂叔向曰：「吾子勉之！君侈而多良大夫，皆富，政將在三家。吾子直，必思自免於難。」

等季札要離開晉國時，他眼見晉國將亂，自己的好友也是晉君的太傅叔向卻一心希望扶助君主挽回政局，他勸叔向說：「你盡力也就好了！國君如此奢侈糜爛，底下卻有這麼多傑出的大夫，個個家產雄厚，晉國的政權最後一定會落入三家手中。你如此耿直，一定要好好想想怎麼讓自己能倖免於難。」

前面這幾段講的是季札的智慧。季札每到一國，就能看出這一國的前景，還能給朋友提出良好的建議，這是何等智慧！這是何等人物！

要認識季子，光知道他的智慧是不夠的。下面這個故事是各位從小就聽過、耳熟能詳的季札掛劍的故事，這裡要重講一次這個故事，讓各位可以明白季札之心。

季札之初使，北過徐君。徐君好季札劍。

故事回到季札進行中原外交訪問之初，從吳國到第一站魯國之間，當時會經過徐國。當時的成年貴族身上必會帶劍，而季札代表吳國出訪，吳國又素來以刀劍之利名聞諸國，因此季札身上帶的必然是寶劍。徐國國君一看到季札的劍，心中就喜歡得不得了。但他有沒有說呢？

口弗敢言。

他沒說，因為他說不出口。身為一國之君，怎麼能夠見面就奪人所好？但他真的打從心中喜歡這口劍，但又不好意思開口向季札索取，因此從頭到尾都沒說。你不說，是不是代表季札不知道呢？當然不是！你不必說，但聰明才智高的人，從你的眼神、行為、舉止，也知道你想幹什麼。

季札心知之。

季札心中明白，但他有沒有說？他也沒有說。他為什麼沒有說？因為如果他說破了，豈不是揭露了徐君見面就想奪人所好的意思？這不是傷感情嗎？這不是朋友相處之道。而且更重要的是，這失禮。

為使上國，未獻。

既然季札心知，為什麼不乾脆把劍送給徐君呢？不能。如果是私人的情誼，他可以大方地把劍送給朋友。可是現在是代表吳國到中原出使，不能不帶好劍，因為這代表國家顏面。

還至徐。

各位注意，故事前面用的是「過」徐，現在用的是「還至徐」。「過」徐是順便經過徐國，「還至徐」是專程要到徐國來。

季札為什麼專程要來徐國？因為當初他就想要把這口劍送給徐君，只是因為要出使上國，那個時間點是不行的。但如今已經出使中原一圈回來，他要專程去徐國將這口劍送給徐君，那就順理成章了。

可是，人算不如天算。

徐君已死。

徐君居然已經死掉了！

如同前面所說，壽命這種事情誰也沒辦法。如果你是季札，本想送劍，徐君如今已死，你該怎麼辦？

於是乃解其寶劍，繫之徐君冢樹而去。

結果季札做了一件讓一般人完全不能理解的事，他去祭拜徐君，然後將寶劍解下來，把它綁在徐君墳冢前面的樹上，然後就轉身離開。

可能有人會想，這有意義嗎？其實不只現代人這麼想，古人也這麼想，例如季札的跟班。

從者曰：「徐君已死，尚誰予乎？」

●季札掛劍

跟班說：「徐君不是已經死了嗎？你要將這口劍送給誰呢？」在跟班來看，把劍綁在樹上，徐君又收不到，有什麼意義呢？

季子曰：「不然。始吾心已許之，豈以死倍吾心哉！」

季札為什麼這麼做？因為他當初在心中已經答應要送劍給徐君，哪裡會因為生死而改變他的心志呢？

過去一般講信，都會說「人言為信」。人言為信，說出來的話就要做得到。說得對很好，但境界不高。信的最高境界是什麼呢？最高境界是孟子所說的「有諸己之謂信」。不是說出口了才要去遵守，沒說出口就不遵守，而是當自己答應自己的那一刻就要遵守。真正的「信」，不是對別人守信，而是對自己守信！即使我從沒有說、即使你也不知道，但我心中已經對你許下了誓言，我無論如何都要完成這個誓言。

當季札立下了一個心願，他要把這口劍送給徐君，他就無論如何要實踐這個諾言。季札在乎的不是倍（背）徐君，而是「倍（背）吾心」。他在乎的不是一口劍，他在乎的也不是這件事，他在乎的更不是別人來看有沒有意義。他做這件事情，不是做給俗人看的，而是為了對得起自己的心！

各位看看季札的見識，和一個跟班的見識相差多少！

什麼樣的人，才會做出什麼樣的事。正是因為做了什麼樣的事，才能證明你是什麼樣的人！

第四章 伍子胥來了！

十年，楚靈王會諸侯而以伐吳，吳亦攻楚。

十一年，楚伐吳。

十二年，楚復來伐，楚師敗走。

餘祭時代，吳楚雙方兵連禍結，戰爭日益激烈。

十七年，王餘祭卒，弟餘眛立。四年，王餘眛卒，欲授弟季札。

吳王餘祭在位十七年，死後三弟餘眛繼立，在位四年。但也有其他的文獻記載，認為其實是餘祭在位四年，餘眛在位十七年。但無論如何，吳國王位確實按諸樊所說，兄終弟及，而後餘眛逝世，就要傳位給季札。但此時卻出現了所有人都沒有料到的事。

季札讓，逃去。

季札居然還是不肯接受，吳人強力推舉，他居然跑了！

為什麼季札還是不肯接受王位？

三位兄長在位共三十四年，三十四年前事情單純，只牽涉到同一輩的兄長們；如今三十四年過去了，事態更為複雜，將影響到下一輩的子侄們。如果要接受，三十四年前就該接受；當時沒有接受，現在就更不該接受。

當年壽夢欲立，諸樊欲讓，你沒接受；如今餘昧欲讓，你就接受了，那當年又何必拒絕？若今如此，何必當初？當年說「有國，非吾節也」，如今卻接受哥哥的國家，這樣豈不是變節？

太史公寫季札一路出使中原的過程，而最後特別寫了季札掛劍的故事，正是為了讓後人明白，延陵季子究竟是個什麼樣的人！他連心中暗許送劍，都不會因為生死而改變；那麼他不肯接受王位的心志，又怎麼可能改變！

但到底是什麼原因，讓季札從一開始就不願意接受王位呢？在故事的最後，將為各位揭曉這個答案。

於是吳人曰：「先王有命，兄卒弟代立，必致季子。季子今逃位，則王餘昧後立。今卒，其子當代。」乃立王餘昧之子僚為王。

季札不願接受王位，甚至學始祖太伯逃跑。吳國人只能推舉新王，大家認為：「按先王諸樊的命令，哥哥死後由弟弟繼位，最後一定傳給季子。季子現在不願接受王位而逃，那麼最後一位王是餘昧，他死了應該由他的兒子來繼位。」於是便立餘昧的兒子僚為王。

等等，這樣對嗎？為什麼會是老三的兒子當王呢？「王餘昧後立」，這算是什麼道理？

如果各位有這樣的疑問，就太不了解政治了。在政治中，最重要的不是道理，而是你的立場。

推舉新王的會議，發生關鍵作用的必是吳國的大臣們。這些大臣，過去是誰任用的？自然是餘眛。餘眛用的大臣，當然會推舉餘眛的兒子，因為只有這樣才最符合他們的利益。

但這樣做，其他人的兒子會沒有意見嗎？

王僚二年，公子光伐楚，敗而亡王舟。

誰是公子光？他就是老大諸樊的長子，原本按照父死子繼的宗法，王位應該是他的。老三餘眛的兒子僚即位後第二年，就立刻把公子光派上了戰場，讓他去進攻楚國。

結果是，公子光大敗，連王舟都丟了。

這時如果你是公子光，你該怎麼辦？

各位可能會想，仗打敗了，連王舟都丟了，除了逃回吳國還能怎麼辦？

但試想，如果公子光真的這樣逃回去，吳王僚會放過他嗎？如果你是吳王僚，你會忍得住不乘機剷除威脅你王位的最大敵人嗎？

所以，你絕不能這樣回吳國。

那麼，逃到別的國家或乾脆投降楚國如何？

這樣做的話，固然可以逃得一命，但此後你和吳國王位也就絕緣了。

這樣也不行，那樣也不行，那該怎麼辦？

我們來看，公子光會怎麼做？

光懼，襲楚，復得王舟而還。

公子光恐懼之下，居然帶著殘兵去偷襲楚軍，將王舟搶了回來！

從這裡各位不難發現，公子光是個什麼樣的人。此人心性陰狠，敢於孤注一擲。太史公在這裡寫這一段，就是為了讓各位知道，倘若公子光對王舟都能失而復得，那王位呢？

五年，楚之亡臣伍子胥來奔，公子光客之。

然後，伍子胥來了。

誰是伍子胥？他是楚國的大臣名門出身。

當年楚莊王即位三年，沉迷享樂，不理政事，下令有敢諫勸者死。於是伍子胥的祖先伍舉冒死進諫，他要莊王猜謎：「楚國有隻鳥站在高處，三年不飛，三年也不鳴，這是什麼鳥？」莊王立刻說：「三年不飛，是為了一飛沖天；三年不鳴，是為了一鳴驚人！」後來便翻身振作，在伍舉的輔佐下，成為一代霸主。

伍子胥的父親伍奢，則被楚平王任命為太子太傅，他一心希望把太子教養成明君。本來平王要幫太子娶秦國的公主為妻，結果發現秦

●伍子胥像

國公主姿容絕美，於是便自己娶了兒媳婦。於是平王開始猜忌太子，最後甚至要殺他，幸好太子機警逃跑了。

接下來，為了剷除廢太子的勢力。楚王殺了伍奢和他的長子伍尚，只有次子伍員也就是伍子胥逃過一劫。於是伍子胥立志報仇，他前後輾轉數國，最後來到了吳國，最後成了公子光的門客。

公子光者，王諸樊之子也。常以為吾父兄弟四人，當傳至季子。季子即不受國，光父先立。即不傳季子，光當立。陰納賢士，欲以襲王僚。

如前面所說，公子光是老大諸樊的兒子。他認為父親兄弟一共四人，本來是要傳給季子，現在季子不接受王位，當然應該依宗法把王位還給嫡系長子，也就是公子光了。

失去王舟，公子光就「襲」楚以奪還；而今失去王位，公子光就

●伍子胥為躲避楚王的追殺，藏匿於淮水間。（月岡芳年繪）

打算「襲」王僚以奪還。《史記》前後兩「襲」字用得極好，公子光之心性躍然紙上。

欲襲王僚，就必須先納賢士，方足以成大事。欲納賢士，則不能「陽納」，而必須「陰納」。如何陰納？後面會再解釋。

一個野心勃勃，一個心懷怨毒，這兩人湊在一起，吳國從此就要多事了。

八年，吳使公子光伐楚，敗楚師。因北伐，敗陳、蔡之師。九年，公子光伐楚，拔兩城。

八年，吳王僚繼續派公子光進攻楚國，但飽經歷練的公子光越來越厲害，他不但打敗了楚國的軍隊，還乘勝北伐，將陳、蔡的軍隊都打敗了。九年，公子光再次進攻楚國，還拿下了兩座城。

初，楚邊邑卑梁氏之處女與吳邊邑之女爭桑，二女家怒相滅，兩國邊邑長聞之，怒而相攻，滅吳之邊邑。吳王怒，故遂伐楚，取兩都而去。

太史公到這裡忽然筆鋒一轉，講起了吳國和楚國累世仇怨的起因。

一開始的時候，其實兩國並沒有深仇大恨。在楚國邊境小城卑梁的少女因為要採好桑葉，於是和隔壁吳國邊境小城的少女起了爭執，雙方要爭奪同一棵桑樹。

在《呂氏春秋》中說，是吳國少女在過程中傷了楚國少女，於是她的家人去找吳國人算帳，沒想到吳國人死不認錯還言行無禮。楚國人氣不過，就把這家的吳國人殺了。吳國同城人知道後大怒，就到楚境內報復，把這家楚國人也殺光。於是城主卑梁公也大怒，就帶著軍隊屠殺了吳國這座邊邑的人。吳王知道後更憤怒，就發兵進攻楚國，攻下了兩座城市。

一開始不過只是爭同一棵桑樹的桑葉，到最後變成兩個國家間的累世大戰，到底是為什麼呢？

其實就只是因為一個字：「爭」！人一定有爭心，凡事都喜歡用「爭」來解決問題，於是女爭桑而王爭國。吳國人和楚國人要爭，那麼吳國人和吳國人也會爭，甚至連兄弟之間一樣要爭。爭則亂，吳國的大亂就在眼前了。

伍子胥之初奔吳，說吳王僚以伐楚之利。

伍子胥剛到吳國的時候，其實最早找的不是公子光，而是吳王僚，因為吳王僚才是有權力能幫他報仇的人。他用伐楚將會得到的巨

大利益，希望能說服吳王僚出兵

他說服成功沒有？沒有。

為什麼沒有成功？因為有人從中作梗。

公子光曰：「胥之父兄為僇於楚，欲自報其仇耳，未見其利！」

誰從中作梗？正是公子光。

公子光說：「伍子胥的父兄都被楚國殺了，只是想借吳國的力量報他自己的仇，不會為了吳國的利益著想。」

請問，公子光為什麼要阻礙伍子胥？

這有兩種可能：一種可能是，公子光真是為吳國著想，不願兩個國家之間發生戰爭，造成生靈塗炭。可是從公子光過去的經歷來看，他曾幾次帶兵進攻楚國，甚至主動出擊陳蔡，這樣的可能性是很小的。

另外一種可能就是，公子光不希望伍子胥為吳王僚所用，因此連忙阻止。但他為何不希望伍子胥為吳王僚所用呢？所以伍子胥作出了大膽的推測：公子光有他志！

> 於是伍員知光有他志。

什麼叫做「他志」？就是不可告人之志。

公子光為什麼要阻礙伍子胥？因為伍子胥是個非凡人才，而公子光是奸雄，奸雄怎麼能讓一個非凡人才為自己的敵人所用呢？所以他必要阻礙伍子胥。

伍子胥這樣的推測，到底是對還是不對，這只能自證自知。為什麼？因為猜測別人的心意，是很難求證於人的。你問誰都沒用，就算你直接問當事人，對方也未必會告訴你真話。因此要知道你猜測得對不對，只能從他具體的行為來加以印證。

各位接下來看，伍子胥怎麼證？怎麼知？

乃求勇士專諸，見之光。

伍子胥找到一個勇士專諸，立刻就推薦給公子光，這就是伍子胥下的一步棋。

光喜。

何以一獻勇士專諸，公子光就會這麼高興呢？他這麼高興，就是因為他正需要這樣的人，而伍子胥就在他最需要的時刻把他最需要的人推薦給他了。

公子光為什麼需要勇士？在《史記‧刺客列傳》裡頭有完整的描寫，因為他要去刺殺吳王僚，最後果然是由專諸完成這件事，伍子胥確實有看人的眼光。

那麼公子光會如何回報伍子胥呢？

乃客伍子胥。

這就是前面講的「客之」，公子光拿伍子胥當貴客，而不是當屬下看待。到這裡，伍子胥就能確定公子光確實有不可告人之志，他也真想重用伍子胥。

伍子胥想要報仇，公子光卻阻礙他，不讓他報仇。報仇是伍子胥畢生之志願，倘若是你，今天有人竟然阻礙你，不讓你完成你的心願，你會作何反應？

大多數人這一刻都會覺得憤怒，恨不得殺了公子光，甚至從此與他為敵！可是，各位看看伍子胥這裡的作為。他不但不怨恨公子光妨礙了自己，他知道公子光有他志，還要千方百計地找人來成全公子光的心願。

為什麼？因為他要達到他的心願，就需要借助公子光的力量；而要借助公子光的力量，就必須先幫公子光達成心願。

如同前作所說，從歷史上我們會發現，要成功就無論如何都要記得把理智放在感情之上。秦始皇如是，伍子胥也如是。

看完伍子胥，我們再來看看公子光。這人從原來的阻之，到後來的喜之，再到最後的客之，前後變化如此之速，便知此人確實是個奸雄人物。

假設你是伍子胥，公子光決定請你為客卿，這一刻你會怎麼辦？努力想清楚，再來看看伍子胥會怎麼辦？然後各位就會明白，我們和伍子胥在聰明才智上的差距了。

子胥退而耕於野。

什麼叫耕於野？在城外面但離城很近的地方叫做郊，在城外面但離城很遠的地方就叫做野。

請問，伍子胥為什麼不接受公子光的邀請，卻跑到那麼遠的地方去耕田呢？

這樣做，有好幾個原因。

第一，為了「藏身觀世」。局勢不定，時機未到，公子光要客之，你還不能貿然接受，因為他未必會成功。

第二，如果公子光襲王僚成功，伍子胥未直接參與此事，但他有獻專諸之功。功莫大於進賢，進賢者受上賞，伍子胥仍會得到重用。

第三，如果公子光襲王僚失敗，伍子胥則能在野保身，因為這件事情表面上看起來跟他半點關係都沒有。

第四，而且如果公子光要客之，他就答應公子光，真的就到他府上去做了他的客卿。假如讓吳王僚知道了，不是啟吳王僚之疑嗎？哪有一個人剛在我面前說另一個人壞話，結果回頭來就反過來重用這個人的道理呢？這不是增加公子光行事的難度嗎？所以為了不啟人疑竇，他也得退而耕於野。

第五，在城外遠野耕作，是為了表面上跟公子光劃清界限，但伍子胥始終沒離開吳國。他為什麼不跑到其他的國家去？因為萬一吳王僚回心轉意，他仍然有機會跟吳王僚接觸，就有可能同時獲得兩邊的消息，就能對公子光發揮更大的作用。

第六，而且退一萬步來講，置身事外才能旁觀者清，在棋局之外才能夠縱覽全局，這樣更能幫助這項計畫成功。

這就是伍子胥的謀略，不管是陰陽、表裡、進退，他都能算盡算絕。重重安排選擇，每一步都到位。「退而耕於野」一個舉動，就同時達到六個目的，這就是古代傑出人物的聰明才智。

伍子胥跟公子光這兩個人，其實在這一刻已經是一夥的了，但表面上卻好像保持著很遠的距離。外人來看，彷彿是伍子胥因為公子光阻礙他而負氣出走，其實兩人卻是最堅強的同盟。各位讀到這就可以發現，人跟人之間的關係絕不是你表面上看到的那麼簡單！不但不是表面上就能看出來的，而且真相往往超乎一般人所能想像。

從這一刻開始，伍子胥的重重布局已經設好了，就看天命能不能讓專諸之事成功。這就是在前面的著作中，跟各位講張良故事時說的，做一件事必要算到無可再算、準備到不能夠再準備為止。到了這一步，盡完人事，你才能夠聽天命。

伍子胥這樣做，就為了等待一件事情的結果。

以待專諸之事。

專諸之事的天命到底如何？各位不妨繼續往下看。

●張良像

第五章 吳王僚的弱點

十二年冬，楚平王卒。

這個楚平王，就是剛才說過搶兒子老婆的那位，他終於死掉了。

十三年春，吳欲因楚喪而伐之。

楚國辦喪事，吳國就準備出兵趁火打劫。春秋時代，各國交戰尚有貴族風範，其中不趁他國國喪出兵，是共通的道德原則。翻遍《左傳》，找不到幾個這樣的例子。而吳國卻甘冒天下之大不韙，連基本的道德都沒有。

使公子蓋餘、燭庸，以兵圍楚之兩城。

這一次吳王僚決定不讓公子光再立軍功了，於是他派自己的兩個兄弟出兵。而且除了出兵之外，吳王僚還下了另外一道命令。

使季札於晉，以觀諸侯之變。

他派遣季札到晉國去，坐鎮中原，觀察國際局勢。吳國要出兵伐楚國，必須知道列國諸侯會作何反應。

這就是吳王僚布的局，表面上看來似乎內外周到，其實存在著致命的問題。什麼問題呢？就是內部虎視眈眈的公子光。

楚發兵絕吳兵後，吳兵不得還。於是吳公子光曰：「此時不可失也。」

楚國也是大國，居然把吳國軍隊的後路給截斷了！吳軍困在楚國不能回來，於是千載難逢的時機，終於到了公子光手上！

公子光說：「時不可失」，他是指什麼樣的「時」不可失？一方面當然是指「人君在外，時不可失」，但還有另一方面，那就是「季札在外，時不可失」！言安邦，一人定國，季札在吳國是能夠定國之人，如果他還在國內，公子光襲擊王僚的陰謀未必就能順利。

告專諸曰：「不索何獲！我真王嗣，當立，吾欲求之。季子雖至，不吾廢也。」

什麼叫做「索」？有的註解會告訴各位，索就是求。這樣解釋不能說有錯，但境界不夠。索是「曲求」之意，什麼叫做曲求？世界上有很多事情不能直求，必須別出蹊徑以得之，那就叫做曲求。

公子光跟專諸說：「現在如果不別出蹊徑，如何能得到王位？按照宗法，我才是吳國真正的繼承人，應該立我為吳王，我現在就要把本來屬於我的東西拿回來。只要造成既成事實，就算季子回來，也沒有理由廢掉我。」

各位看到了嗎？公子光最擔心的因素，其實就是季子。所以前面才說「時不可失」，包括季子在外的因素，公子光現在要做成既定事實，讓季子就算回來，也沒有辦法改變。但如果沒成既定事實之前，季子還在吳國，那就徒增無限變數。

專諸曰：「王僚可殺也。母老子弱，而兩公子將兵攻楚，楚絕其路。」

專諸說：「王僚一定能殺掉！他現在母老子弱，可以依靠的兩個兄弟又帶著軍隊去攻楚，被楚國斷絕回來的路。」

「方今吳外困於楚，而內空無骨鯁之臣，是無奈我何。」

吳王僚手上最主要的力量，就是兩位公子帶領的軍隊，現在已經困在國外，而國內又沒有足以主持政局的重臣。換句話說，就是內外俱空！因此，已經沒有人能阻止公子光和專諸的圖謀了。

從專諸能如此清楚地盤算各個因素來看，這人也絕對不只是一個單純的勇士而已。

光曰：「我身，子之身也。」

公子光對專諸說：「我的身體，就是你的身體。」意思是什麼呢？就是我一切的安危成敗，就交給你了。

刺殺王僚計畫，正式啟動。

> 四月丙子，光伏甲士於窟室，而謁王僚飲。

四月丙子這天，公子光埋伏甲士在窟室之中。什麼叫做窟室？就是在家裡面挖了地洞，表面上看不出來有甲士藏在裡面。然後公子光去見王僚，請他到家裡面來飲宴。

等等，王僚既然防備公子光，又怎麼會到他家去飲宴？

關於這件事的原因，《吳越春秋》中記載得較為詳細。在公子光初見專諸時，兩人曾有這樣的對話。

> 專諸曰：「凡欲殺人君，必前求其所好。吳王何好？」
>
> 光曰：「好味。」
>
> 專諸曰：「何味所甘？」
>
> 光曰：「好嗜魚之炙也。」
>
> 專諸乃去，從太湖學炙魚，三月得其味，安坐待公子命之。

●《隸釋》中收錄的「專諸刺吳王僚」石刻拓印。

一個君主身邊有重重防衛，想殺他談何容易？唯一的方法只有「求其所好」，利用他最喜歡的東西，來引誘他進入陷阱。

而吳王最喜好的就是吃美食，尤其是烤魚。

於是專諸立刻到太湖邊上學烤魚，「三月得其味」，只花了三個月就學到了神髓，把魚調理得極為美味，然後就安坐等待公子光的命令。

怎麼安坐呢？公子光先把專諸請回家裡頭來當廚師，讓他烤魚。天天用他烤的魚招待賓客，讓吳國都城裡人人都在傳誦，公子光請了一個烤魚極其美味的廚師。等這樣的名聲流傳到了吳王僚的耳朵裡去，再來宴請吳王僚，他才會中招。

各位可能會問，吳王僚怎麼會這麼笨呢？他為什麼不把那個廚師叫進王宮裡做給他吃，不就好了嗎？

能想到這一點的各位確實聰明，不過可能不太懂得吃。要知道，每一個廚師都有他習慣的廚房和環境。換了一個廚房、換了一個環境，味道就會變了。如果對美食只是淺嚐即止，廚師到哪裡做都差不多；但如果真是美食家，真要追求天下極致的美味，就一定要讓廚師在最適合他的環境下發揮。吳王僚是真懂美食之道的人，所以他一定要到公子光家吃。

但如果你是吳王僚，到公子光家赴宴，你會不會有防備？

當然會！

吳王僚防備到什麼地步呢？

王僚使兵陳於道，自王宮至光之家，門、階、戶、席皆王僚之親也，人夾持鈹。

各位看到沒有！他命令軍隊從王宮一路夾道排列到公子光的家，各位看《史記》寫得多詳細，從公子光家的大門，到廳堂前的台階，到房間的門戶，再到房間裡吳王僚坐的席位上，重重防備，全部用他信得過的人，手上都拿著叫做「鈹」的長兵器。你能說他防範不嚴謹嗎？他防範得太嚴謹了！

他既有防範公子光之心，也想到各種可能性，結果是什麼呢？

結果他還是死了。

怎麼死的？

> 公子光詳為足疾，入于窟室。

公子光在宴會中假裝腳有毛病，然後也躲到地洞裡面去。

公子光為什麼要躲到地洞裡？因為接下來專諸就要刺殺吳王僚了，兵兇戰危，就算刺殺成功，萬一被吳王僚的衛隊發現，要殺他報仇怎麼辦？

做事以立於不敗之地為第一前提，公子光當然要找地方躲起來。

使專諸置匕首於炙魚之中以進食。

專諸在烤好的魚裡面藏了一把匕首，然後上菜給王僚。可想而知，這把匕首絕不可能大到哪裡去，後世流傳的魚腸劍就是這麼來的。

手匕首刺王僚，鈹交於匈，遂弒王僚。

專諸上菜時，突然從魚裡面把匕首抓出來，然後刺殺吳王僚！

上面不是說保衛吳王僚的衛隊「人夾持鈹」嗎？這一刻他們連忙反應，武器交刺於專諸之胸，專諸就這樣陣亡了。可是吳王僚也被殺了，專諸成功了！

公子光竟代立為王，是為吳王闔廬。

公子光這時發動藏在地洞的士兵，將王僚的衛隊殺個精光，然後就這樣自立為吳王，他就是後來的吳王闔廬。

讀歷史不是看故事，一定要把人家的成敗、利弊、得失的原因何在，想得清清楚楚。因此讀完這個故事以後，接下來要問各位一個問題。

吳王僚為什麼會失敗？他到底做錯了什麼事情，所以招致這樣的下場？

吳王僚做錯的事情就是，他愛吃烤魚。

各位可能會說，愛吃烤魚這也能夠叫做錯嗎？誰沒有喜好呢？愛吃烤魚不是錯，可是一個領導人愛吃烤魚到人人皆知，連你的敵手都一清二楚，那就是莫大的錯誤！

做領導者的人，絕不能輕易讓自己真正的好惡為人所知。因為你的好惡就是你的弱點，你的弱點一日被人摸透了，人家就可以針對你的好惡設下重重陷阱來對付你。

吳王僚雖然愛吃烤魚，但他不是沒有防備，他防備得如此重重森嚴，為什麼最後還是中招？

因為這是新招。

吳王僚沒想到烤魚裡竟然會藏著匕首，所以說是新招。前面公子光不就已經說過了嗎？「不索何獲」！什麼叫做「索」？「索」就是要別出蹊徑！什麼叫別出蹊徑？就是別人沒想到的招，才叫別出蹊徑。

人世間為什麼要「曲求」？人世間的事情，有時候兩點間的直線，未必是最短的距離；反而是找到一條別人沒想過的路，往往才是最短的距離。這就是以前在張良故事中，我說過的「忍」和「先」的道理。

二侍郎
專諸炙魚
刺殺吳王
一之十六

《金石索》中收錄的「專諸刺吳王僚」石刻拓印。

接下來還有最重要的一件事，公子光是如何謀劃這個事情的？他為什麼能夠成功？

在這個世界上，向來是「政略決定戰略，戰略決定戰場，戰場決定戰術，戰術決定武器」。如果拿這個原則來檢驗，就會清楚了解公子光的謀劃。

什麼是公子光的政略？

公子光的政略，《史記》寫得很清楚，就是「襲王僚」！勸服吳王僚讓出王位不可能，正面對抗不是對手，只有用襲殺吳王僚的方式，才能搶回王位，這是公子光的大方針。

接下來，政略決定戰略。什麼是公子光的戰略？就是用烤魚。用對方最喜歡的東西，抓住他的弱點，這樣對方就一定會按你想的來做，因為他不能割捨。

接下來，戰略決定戰場。什麼是公子光的戰場？就是他自己的家。因為已經決定用烤魚，要讓烤魚保持最好的美味，非得在他家吃不可。這樣公子光就能占據一切主場優勢，這就叫戰略決定戰場。

接下來，戰場決定戰術，戰術是什麼呢？就是要利用進魚的這一刻刺殺。以吳王僚對公子光的防備，上菜者必要經過重重搜身，但衛士們絕不會搜烤魚的身，這才能夠成功。

接下來，戰術決定武器，既然決定要利用進魚的這一刻刺殺，那麼武器就只能藏在魚裡面，那就只能是一把小匕首。

最後，一把小匕首就決定了一個國家的命運。

古今是一體的，你能看得懂古代，你才看得懂今天；看不懂今天的人，絕對也看不懂古代。不過同樣是看得懂，也要看你看到多深，看到多明白。能夠看得清楚、想得清楚的人，才能從具體的歷史事件中，提煉出抽象的共同原則，才能為你所用。

第六章

季子的選擇

公子光終於成為了吳王闔廬，就像以前幾本書說過的，要看一個人的真性情，就看他成功後做的第一件事是什麼？

假如你是吳王闔廬，請問你登基後做的第一件事情會是什麼？

他做的第一件事情是：

闔廬乃以專諸子為卿。

春秋時代，一國大夫最高的地位便是「卿」，闔廬給了專諸的兒子卿大夫的高位，來回報專諸為他所做的犧牲。

從這裡來看，闔廬是個不忘恩的人，必能得人之死力為他效忠，也必能成就一番事業。更重要的是，他連專諸都不忘，又怎麼會忘記伍子胥？

由此可知，伍子胥的春天就要來了！

季子至。

就在這個時候，季札從晉國回來了。

假如你是季子，面對你的國家中，剛剛有一個公子把王給殺了，自己當上了王。但這個公子確實是宗法規定下的合法繼承人，請問你該怎麼辦？請你務必認真的想，因為你的決定，將會影響這個國家許多人的命運。

看到現在的情況，季子會怎麼說呢？

曰：「茍先君無廢祀，民人無廢主，社稷有奉，乃吾君也。」

他說：「假如吳國歷代先君的祭祀不會斷絕，百姓的事務不會沒有人主持，國家能夠得到應有的統治。能做到以上三點，就是我的君主。」

●吳王闔廬像

是啊，吳王僚認為君位應該是他的，公子光認為君位應該是他的，當年的大哥諸樊內心深處又何嘗不認為君位應該是他的，每個人都有他自己的一番道理。但也都只想到他自己，吳國除了季子之外，又有誰想到祖宗、百姓和國家呢？

而在下面這段話中，季子吐露出他真正的心情。

「吾敢誰怨乎？哀死事生，以待天命。」

事情到了這個地步，我又敢怨誰呢？季札只能「哀死事生」，對於死去的吳王僚感到哀痛惋惜，然後對活著的國君盡到該盡的本分。在後面談到，季札先去哭吳王僚的墓，然後向國君回報使者的任務成果，這就叫「哀死事生」。

季札盡了人事，他所能做的都做了，接下來也只能等待天命，來決定未來的發展，這不是他的能力所能管的事情了。

讀到這裡，各位會不會產生一個問題：季札這樣做對嗎？吳國弄到這樣的大亂，難道根源不就是因為當年季札不願意做國君嗎？如果當年季札願意接位，豈不是就沒有這麼多的大亂，也不會發生這樣兄弟相殺的事情嗎？

各位想的不能說沒有道理，但我也要問各位，這場大亂的根源真的是季札嗎？

我們來看看下面季子說的話：

「非我生亂。」

這四個字講得太好了！

平心而論，這場大亂的根源真的不是來自季札。那麼這場大亂，到底是誰造成的呢？

「立者從之，先人之道也。」

季札已經說過了，「苟先君無廢祀，民人無廢主，社稷有奉，乃吾君也」，因此只要被立為國君的人能滿足這幾個條件，又何妨從之呢？

復命，哭僚墓，復位而待。

先公後私，季札先向新的吳王闔廬回報他出使以後的任務的結果，然後去哭吳王僚之墓，最後回到他公子的本位上等待著。等待什麼？等待天命。

季札的故事到此已經告一段落了，現在我們可以好好來分析，季札所作所為到底是對是錯？

季子說「非我生亂」，是對的嗎？

●《吳郡名賢圖傳贊》中描繪的季札

當年父親壽夢想要傳位給季札，季札堅持不肯接受，是對的嗎？大哥諸樊要傳位給季札，季札又不肯接受，是對的嗎？哥哥們輪流接位，最後傳到季札，他還是不肯接受，是對的嗎？如果他肯接受，是否就不會發生王僚和闔廬之間的相殺鬥爭？如今吳王闔廬弒君登位，你季子回來為什麼不討伐他？

讓我們從頭到尾再看過一遍，然後一樣一樣來分析清楚。

當年壽夢要傳位給季札，季札能不能接受？

當然不能接受，為什麼呢？

第一，因為破壞宗法。

宗法秩序在周代乃是根本大法，如果可以因為種種理由任意改變繼承人，那麼其他人就會想盡辦法奪位，天下就要大亂。季子是個君子，君子有他心中禮義的標準。他不能為了能夠讓自己登上國君之位，而破壞了宗法秩序。

第二，傷害兄弟感情。

為什麼這樣做會傷害兄弟感情？父親開口要大哥讓，因此大哥不得不讓。可是大哥是真心要讓嗎？當然不是，大哥如果真心要讓，他早就跑了。他既然人還留在這裡，就沒有打算真的要讓。他沒打算真的要讓，你如何能答應？你答應了之後，大哥作何感想？大哥的孩子又作何感想？

第三，留下後人隱患。

等他日季札死了以後，請問君位是要還給哥哥的兒子？還是要傳給自己的兒子？如果還給哥哥的兒子，自己的兒子能甘心嗎？如果傳給自己的兒子，哥哥的兒子能甘心嗎？一旦有人不甘心，王僚和公子光的殺戮不就由此而來嗎？

所以季札不能接受。

那麼壽夢死了，大哥諸樊已經主持辦完喪禮，此時要讓位給季札，季札能不能接受？

當然也不能接受，為什麼呢？

因為上面三點原因仍然存在，更何況季札如果要接受，在父親傳位時就該接受，何必等到大哥主持辦完喪禮再接受？按古人的習慣，只有下一任的繼承人才能主持喪禮，大哥都辦完喪禮了才說要讓，可見他根本不是真心要讓，而是迫於壓力的無奈之舉，又叫季子怎麼能接受？

發喪的責任丟給哥哥，等到接王位要撿便宜時就自己來，這是一個君子能做的事嗎？而且前面才拒絕了父親傳位，現在就答應了哥哥讓位，這不是一個反覆小人嗎？以後還有誰會相信你說的話是真的？

那麼諸樊死了，打算傳位給弟弟，再由弟弟傳位給弟弟，最後傳到最小的季札。當他的第三個哥哥死時要傳位給季札，季札能不能接受？

當然還是不能接受，為什麼呢？

各位可能認為，此時兄弟按次序傳位傳到季札，不是已經順理成章了嗎？季札應該要接受了！

當然不是。

如今幾個哥哥都已經子孫滿堂了，現在才來接受，事情已經比幾十年前要複雜千百倍了！哥哥們各自有孩子，孩子各自有自己的想法。過去只要對得起三個哥哥也就可以了，如今要對得起多少人？要多少人能夠心服，你才能接這個位置？這不是把問題複雜化了嗎？

還是那句話，要接受當年就該接受，當年如果沒有接受，何必拖到問題如此複雜了再來接受？這不是一個有道德、有智慧的人，應該做的事情。

在《春秋公羊傳》中曾經記載，公子光殺了吳王僚後，曾經表示要把王位交給季札，季札能不能接受？

當然更不能接受，為什麼呢？

從事情發生之前，公子光說的：「我真王嗣，當立，吾欲求之。季子雖至，不吾廢也」，就可以知道他根本不是真心要讓給季子。如果季子真的接受了，公子光難道就會甘心？

就算公子光真有讓位之心，別人弒君了，然後你回來接受弒君者的讓位，那你不就是他的共犯嗎？那和你自己弒君，有什麼不同？季子能夠接受這樣不義得來的國君之位嗎？他當然不能接受！

那季札回國以後，他為什麼不討伐公子光為君報仇呢？

對於這一點，《春秋公羊傳》中有段文字寫得非常好，季子回國後對吳王闔廬說：

「爾弒吾君，吾受爾國，是吾與爾為篡也。爾殺吾兄，吾又殺爾，是父子兄弟相殺，終身無已也。」

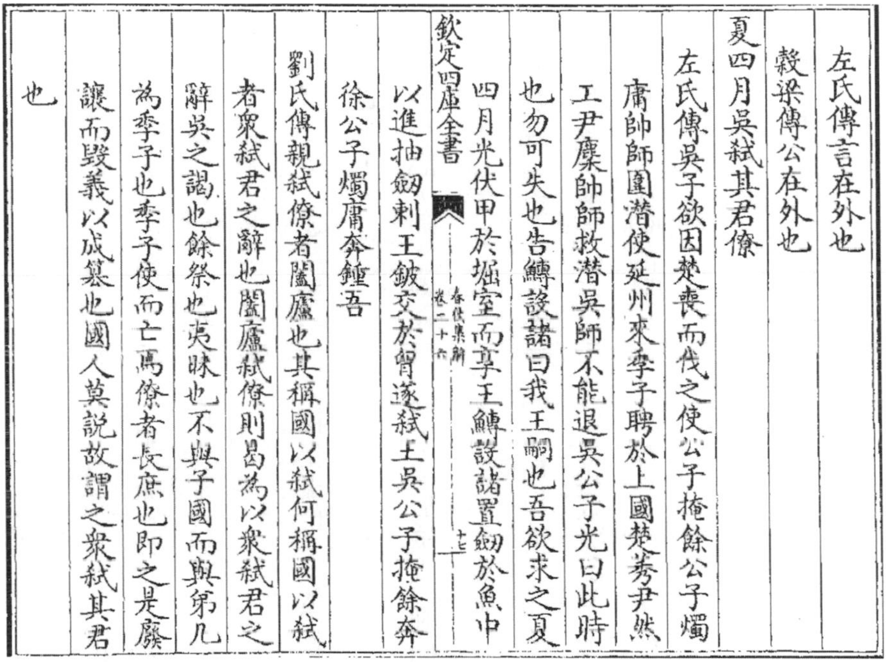
左氏傳言在外也
穀梁傳公在外也
夏四月吳弑其君僚
左氏傳吳子欲因楚喪而伐之使公子掩餘公子燭
庸帥師圍潛使延州來季子聘於上國楚莠尹然
工尹麇帥師救潛吳師不能退吳公子光曰此時
也弗可失也告鱄設諸曰我王嗣也吾欲求之夏
四月光伏甲於堀室而享王鱄設諸置劒於魚中

欽定四庫全書　春秋集解 卷二十六　十七

以進抽劒刺王鈹交於胷遂弑王吳公子掩餘奔
徐公子燭庸奔鍾吾
劉氏傳親弑僚者闔廬也其稱國以弑何稱國以弑
者衆弑君之辭也闔廬弑僚則曷為以衆弑君之
辭吳之謁也餘祭也夷昧也不與子國而與弟凡
為季子也季子使而亡焉僚者長庶也即之是廢
讓而毀義以成篡也國人莫說故謂之衆弑其君
也

●《春秋公羊傳》中對公子光殺吳王僚的描述

你殺了我的君主，如果我接受了你弒君後得到的國家，那就是我和你都是篡位之人。你殺了你的兄弟，而我又把你殺了，將來如果你的兒子又要為你報仇，我的兒子也要為我報仇，這樣父子兄弟相殺的悲劇，豈不是永遠沒有止息嗎？

再退一萬步說，如果季子當年接受王位，難道真能夠阻止得了吳國今日的大亂嗎？

答案是不可能，因為季札是君子，但他不是神仙。

當年從父親要季札繼位，或哥哥要讓位給他時，季札只是個凡人，他當時只知道君位不該是他的，所以他不能接受。他怎麼可能知道自己的拒絕，會在三四十年之後造成大亂？他又怎麼可能預見三四十年以後，兄弟們的兒子會是什麼樣子？未來的局面又會是什麼樣子？

而等到局面已成，吳王僚已經是這個樣子，公子光也已經是這個樣子的時候，季子改變得了他們嗎？

改變不了。各位從吳國人的習性，從王僚和公子光的性格，就可以清楚這一點。

明代的王世貞曾評論說：「吳人之性狠戾而好戰」，從兩女爭桑最後居然能演變成兩國相滅，試問吳國人的習性如何？

而吳王僚呢？這個人對外多次伐楚，對內於公子光如此重重防備，卻為了口腹之欲而不惜冒險，因此王世貞評論吳王僚「貪愎躁勇」，不是沒有道理的。

而公子光呢？他連丟掉一個王舟，都念念不忘要拿回來，何況是王位？他隱藏自己的怨毒，埋伏如此深長，同時陰納賢士，就是為了有一天能取回王位。大凡越能忍的人，多半有朝一日發動時就會越狠。像公子光這樣的人，如王世貞所說其心性「忍詬狡悍」，如果你是季札，就算你接了王位，你能放心嗎？公子光會白白放棄嗎？公子光敢刺殺王僚，他就不敢刺殺你季札嗎？

就算你季札在位的時候，能讓這些人不敢爭，但你能讓他們死心嗎？他們如果不死心，等你死了以後，他們就不會對付你的孩子嗎？這場爭鬥，真的就能夠止息嗎？

生在什麼樣的家庭，不是人力所能選擇。季札生在這樣的家中，上下交相爭，試問如果你是季札，你又能怎麼辦？

用嘴巴勸說他們，是半點用也沒有的，只有做才行。季札唯一能做的，是希望用具體的行為去感化家人。具體的行為是什麼？就是讓。他要用自己做個典範，用真心感化家人，希望能以讓化爭。

季札的讓能不能成功？答案是「不知道」，但這是他唯一能做的事。但他知道如果他也跳下去爭，只是抱薪救火、變本加厲而已。

不論你是聖賢還是英雄，人生總有著太多無可奈何之事。季札所有的苦衷，都在他說的那四個字上：

非我生亂。

非他生亂，那是誰生亂？請各位想想，這一場大亂的根源到底在誰身上？

追根究柢，這一場大亂的根源就在吳王壽夢身上。

難道不是嗎？如果不是他當年突然心念一動，要逼著大兒子讓位給小兒子，還把這個事情說出口，弄到人盡皆知，怎麼會弄出吳國幾代之後的大亂？吳國人的性格連桑葉都要爭，更何況是王位？一旦破壞傳位的遊戲規則，爭端就永無止息了！

各位讀到這裡，我想一定有聰明的讀者會想到一件事。

不對呀？當年太王不也想要把君位傳給小兒子，最後不就得到了一個好結果嗎？現在壽夢不過就是想學太王把王位傳給小兒子，為什麼最後會得到一個如此悲慘的結果呢？

試問各位，為什麼兩人想要做一樣的事，但結果卻完全不一樣呢？為什麼人家能做成的方法，換了你來做卻是另外一個結果呢？如果會想到問這個問題，那麼歡迎各位終於進入中國史學的世界了。

這是千古以來，無數人都曾經問過的問題。

答案很簡單，不過五個字：你沒那個命。

講道理容易，做事難，做得成事就更難了。因為講道理，只要講得通就行了；但做事要有現實條件配合，做得成事就需要條件全部到位才行。人家能做得成，不代表你做得成，因為你未必有人家的條件。

各位可能會問，太王和壽夢兩人條件有什麼不同呢？

太王能夠完成心願，而且最後有圓滿結果，那是因為人家「祖孫三代一條心，父子兄弟皆聖賢」。人家命好，生下來的兒子個個都是聖賢，兄弟相讓，不是嘴巴說說，是真心要讓。但壽夢沒有這個條件，生下來的兒子沒有那個水準。大兒子諸樊不是真心要讓，而壽夢卻要強行促成此事，最後當然只能悲劇收場。

但你能怪罪諸樊嗎？不能。因為君位原本就該是他的，他願意讓是美德，不願意讓是本分，怎能深責？

此事雖然是壽夢生亂，但季札身為人子，又怎能指責父親之過？所以他只能說「非我生亂」，這就是他的苦衷。

其實諸樊心中何嘗不苦？他心中實在不想讓，但面對父親的亂命，面對國人的期待，最後只能想出一個蠢辦法——兄弟相傳。然後兄弟們個個嘴巴都說要讓，拚命宣傳自己的讓德，讓讓不已，讓到天下皆知，最後卻是伍子胥來了！

伍子胥為什麼會來？蒼蠅不抱沒縫的雞蛋，他早就知道你們吳國上下君臣是一套什麼貨色！嘴巴都說要讓，其實心中都想要爭！伍子胥想要借吳國之力報仇，只有這樣的國家才能有機可乘！

生在這樣的家庭，季札又能怎麼辦？改變自己的家人，是天下最難的事。如果到這個地步，各位還要責怪季札，那麼請你捫心自問，你難道能改變你的另一半或孩子的性格嗎？如果你是季札，就有把握一定能做得更好嗎？

《史記》所以詳載季子周遊列國之事，就是要讓各位去想，季札能夠看透列國的局勢，而且全部說對，試問他又怎麼可能看不透吳國的局勢？

但這都是他的家人，就算看透了，試問他又能如何？家人性格如此，該發生的就會發生，誰也阻止不了。他唯一能做的，就是希望用自己的真心來感化家人。

他只能做自己該做的，至於別人會不會因此而被感動、被改變，就只能「以待天命」了。

在所有人都爭的時候，還有一個人是真心不爭；在所有人都不讓的時候，還有一個人是真心要讓。這就是季子的選擇。

這不是最好的選擇，但比起跳下去和家人互相爭奪，這個選擇要好得太多。「聖達節，次守節，下失節」，季札沒有能力達節，他又不願意失節，他只能選擇守節。所以他才說「有國，非吾節也」，他從一開始就已經清楚地說明了自己的志向。

《史記》所以詳載季子墓前掛劍之事，就是要讓各位明白，季札連心中暗許的承諾都不會改變，他以讓化爭的心志，又怎麼會改變？

始吾心已許之，豈以死倍吾心哉！

第七章

他為什麼會以悲劇收場？

王闔廬元年，舉伍子胥為行人而與謀國事。

公子光終於坐上夢寐以求的王位，就像前面所說，他不會忘了伍子胥的功勞。因此一上任，就立刻重用伍子胥主持外交，和他一起共謀國事。

楚誅伯州犁，其孫伯嚭亡奔吳，吳以為大夫。

這一年，楚國誅殺了大臣伯州犁，他的孫子伯嚭也投奔吳國，吳王立刻任命他為大夫。物以類聚，一群想報仇的都來了，吳楚兩國大戰只是早晚的事而已。

三年，吳王闔廬與子胥、伯嚭將兵伐楚。

在公子光即位三年後，他就帶著伍子胥和伯嚭出兵進攻楚國，並獲得大勝。

光謀欲入郢，將軍孫武曰：「民勞，未可，待之。」

公子光想要乘勝追擊，計畫接著攻打楚國的首都郢城。將軍孫武頭腦冷靜，他知道吳國國力不夠，已經兵疲力盡，沒有辦法一次討伐完成，必須休養等待機會，於是勸阻了好大喜功的吳王。

做什麼事情都要條件夠、時機到才能成功，條件不夠、時機不到，勉強為之，多半不會有好結果。順便一提，這位將軍孫武就是後世大名鼎鼎的《孫子兵法》的作者。

四年，伐楚，取二城。

五年，伐越，敗之。

●孫武像

六年，楚伐吳。迎而擊之，大敗楚軍。

接下來三年，吳國連續對外作戰，先進攻西邊的楚國，再進攻南邊的越國，而後再擊敗楚國打算收復失地的大軍。

九年，吳王闔廬請伍子胥、孫武曰：「始子之言郢未可入，今果如何？」

又過了三年，吳國國力休養已經足夠。於是闔廬問伍子胥、孫武，現在可以進攻楚國的郢都了嗎？

二子對曰：「楚將子常貪，而唐、蔡皆怨之。王必欲大伐，必得唐、蔡乃可。」

要打一場勝仗，除了自己的條件要足夠外，還需要對手的破綻。而楚國的大將子常生性貪婪，不斷向楚國的屬國例如唐國和蔡國要求賄賂，兩國苦不堪言。伍子胥、孫武建議抓住這個機會，聯合唐國和蔡國一起進攻楚國。

國家風雨飄搖，大臣卻貪婪無度，平民百姓乍聽之下會覺得不可思議，卻不知這才是歷史的常態。正因國家風雨飄搖，所以大臣才更貪婪無度，因為他們都已經在盤算亡國之後的退路了。這樣的例子，古今實在是太多太多。

闔廬從之，悉興師，與唐、蔡西伐楚，至於漢水。楚亦發兵拒吳，夾水陳。

闔廬聽從兩人的建議，於是發動舉國軍隊，還聯絡了唐、蔡二國一同伐楚，兩國欣然同意，三國聯軍勢如破竹，一直殺到了漢水之濱。楚國知道這一次乃是國戰，也發動了大軍來對抗吳國，雙方夾漢水而列陣。

吳王闔廬弟夫概欲戰，闔廬弗許。夫概曰：「王已屬臣兵，兵以利為上，尚何待焉？」遂以其部五千人襲冒楚，楚兵大敗，走。

闔廬的弟弟夫概年輕善戰，提議先進攻楚軍陣地，闔廬認為冒險，不肯同意。但夫概卻認為現在是最有利的進攻時機，於是不肯等待，立刻率領手下五千人奇襲楚軍。結果楚軍大敗，立刻逃走。

從軍事的角度來看，夫概是正確的。楚國是堂堂南方超級大國，其實吳國君臣始終對它感到恐懼。正因為初生之犢夫概的主動進攻，一舉戳破了楚國這隻紙老虎的真相。

但從政治的角度來看，夫概是錯誤的。公子光當年正是以襲楚勝利，得軍心而起家；而後又襲殺王僚，方能篡位成功。如今面對這個悍然不顧王命，又勇猛深得手下之軍心的弟弟，試問他會作何感想？

於是吳王遂縱兵追之。比至郢，五戰，楚五敗。楚昭王亡出奔，而吳兵遂入郢。

於是吳王乘勝追擊，一直殺到郢都，前後楚國五戰五敗。這時楚昭王居然丟下滿城百姓於不顧，自己逃跑了，吳軍立刻攻入了楚國的首都。

子胥、伯嚭鞭平王之尸以報父讎。

楚昭王逃跑了，而伍子胥的報仇對象楚平王已經死了，他該怎麼辦？結果伍子胥居然把楚平王的屍體從墳墓中拖出來，當眾鞭屍，來發洩他心中的仇恨。各位看看，伍子胥究竟是一個什麼樣性情的人？這樣偏激的人，怪不得會投奔吳國。

十年春，越聞吳王之在郢，國空，乃伐吳。吳使別兵擊越。楚告急秦，秦遣兵救楚擊吳，吳師敗。

第二年春天，吳國南邊的越國看到吳王大軍留在楚國沒回來，於是藉機進攻空虛的吳國，吳王只好立刻命令留守其他邊境的軍隊回來救援，和越國發生大戰。

這時楚國大夫申包胥跑到秦國去求救，秦哀公不願出兵救楚。於是申包胥在宮門前大哭七天七夜，眼淚流乾了，最後哭出了血，這才感動了秦哀公，於是秦國大軍出兵救楚。背後老家被偷襲的吳國軍隊，哪裡還有心思和秦國作戰，於是當然戰敗。

●申包胥號哭求救

闔廬弟夫概見秦越交敗吳，吳王留楚不去，夫概亡歸吳而自立為吳王。

闔廬的弟弟夫概，看到吳國被越國和秦國前後擊敗，王兄又留在楚國不肯離開。他認為有機可乘，於是偷偷潛回吳國，然後自立為王。

讀到這裡，不禁感慨，吳國這都是一群什麼人啊？只要有機可乘，就立刻出手奪取！兄弟間只有利害考量，全無親情可講，公子光如是，夫概又如是。看到這種情況，各位現在還會覺得只要季札接位，日後就能徹底避免兄弟相殘的悲劇嗎？

闔廬聞之，乃引兵歸，攻夫概。夫概敗奔楚。

闔廬聽說弟弟自立為王，本來怎樣都不肯離開楚國的他，立刻就率大軍回來進攻弟弟，於是夫概就投奔了楚國。

十一年，吳王使太子夫差伐楚，取番。楚恐而去郢徙鄀。

這一年，吳王派了太子夫差領兵出征，不但打敗了楚國，取得了番地，更讓楚國人害怕的遷都，從郢逃到了鄀。

這一次的經歷，給了年輕的夫差莫大的激勵，他開始覺得戰爭是很容易的，自己是戰無不勝的，他開始一心想要北進中原，成為天下霸主，這便種下了日後吳國滅亡的命運。

十五年，孔子相魯。

等等，這是吳國的歷史，請問「孔子相魯」和吳國有何關係？

答案是「沒有關係」。

啊！既然沒有關係，為什麼這裡要寫這一句呢？

這個問題光看〈吳太伯世家〉是找不出答案的，但各位如果遍覽《史記》全書，就會發現孔子這個人在《史記》中，只能用四個字來形容，那就是「神出鬼沒」。

《史記》共有一百三十篇，橫跨上古到漢武數千年，其中孔子就出現有一百一十三篇之多，堪稱《史記》第一男主角。

為什麼呢？因為太史公念念不忘孔子，這是中國歷史上最偉大的人物，這是太史公所表達的致敬之意。以後如果有機會，再跟各位詳談孔子的故事和歷史意義。在我心中，這也是中國歷史最偉大的人物，沒有之一。

我們來看，繼續往下面看：

十九年夏，吳伐越，越王句踐迎擊之。

在解決了楚國和內亂之後，吳國緊接著又發動對越國的戰爭，越王句踐親自帶兵前來迎戰。

前面越國打贏吳國，乃是乘虛而入。如今吳國舉國來戰，越國根本不是吳國的對手。這個時候越國該怎麼辦呢？越國想出了一個新招、奇招，居然把吳國給打敗了！

越使死士挑戰，三行造吳師。

越國想出什麼新招、奇招呢？他先派死士前去挑戰吳軍，在吳軍陣前擺出三行陣列。擺出三行陣列，是為了叫勇士去衝鋒突擊嗎？不是，是為了在吳軍面前表演自殺。

呼，自剄，吳師觀之，越因伐吳，敗之姑蘇。

這一群人先在吳軍前面大喊大叫，然後一個個拔劍自殺。千古以來打仗，從來沒有聽過對方派出軍隊，然後全體在你的軍隊面前自殺這種事情吧？這是新招，基本上後世也沒有人能仿效。

為什麼越國要這麼做呢？就為了讓「吳師觀之」。

吳國人從來沒有看過這種奇事，所有軍隊都爭著前去圍觀，因此陣勢大亂。這時越國的軍隊突然從後面突襲，結果吳師大敗，一路敗退到首都姑蘇。

> 傷吳王闔廬指，軍卻七里，吳王病傷而死。

就在這場大敗之中，吳王闔廬傷到了指頭，軍隊也敗逃了七里。闔廬就因為這指頭的小傷，最後居然病死了！

各位可能會奇怪，不過傷個指頭，怎麼可能會病死？古人未免也太脆弱了吧！

雖然詳情不得而知，但從歷史記載來看，古人常常因為傷到腳踝、傷到膝蓋、傷到手指，然後就死掉了，吳王並不是特例。大膽推測，這可能跟破傷風或傷口感染有關。總之，吳王闔廬就這樣死掉了。

請問，如果你是闔廬，請問你會甘心嗎？

當然不甘心！連楚國那樣的霸主強國都敗在他手上，他居然被一個蠻荒的越國給弄死了！

闔廬使立太子夫差，謂曰：「爾而忘句踐殺汝父乎？」對曰：「不敢！」三年，乃報越。

闔廬死前立了太子夫差為王，唯一的遺言就是：「你會忘了句踐殺你父親的仇恨嗎？」夫差對父親回答：「絕不敢忘！」而後努力準備了三年，最後終於大敗越國，報了父親之仇。

一個人要死了，念念不忘的是仇恨。而且還要拿仇恨教育自己的孩子，也要孩子念念不忘仇恨。這就是公子光，這就是吳國人。

王夫差元年，以大夫伯嚭為太宰。習戰射，常以報越為志。

夫差即位的第一年，就任命伯嚭為太宰。一朝天子一朝臣，伍子胥再好，畢竟是上一代重用的老臣，夫差想要用自己人，這是少主的典型心態，可惜他選錯了人。

這時的夫差整軍經武，念念不忘的就是要進攻越國，報殺父之仇。

二年，吳王悉精兵以伐越，敗之夫椒，報姑蘇也。越王句踐乃以甲兵五千人棲於會稽，使大夫種因吳太宰嚭而行成，請委國為臣妾。

第二年，吳國發動全國精兵進攻越國，越國在夫椒大敗，夫差終於洗雪了姑蘇之恥。越王句踐這時只剩下甲兵五千人困於首都會稽城，百般無奈之下，他決定投降，希望成為吳國的屬國。

吳越之間不僅有怨，而且有仇。請問如果你是吳王夫差，你會接受殺父仇人句踐的投降，讓越國成為吳國的屬國嗎？

我想熟悉吳越故事的各位，一定不可能接受吧！

但是吳王夫差接受了。

等等，先不要急著罵他笨。他笨不笨與我們何干？

重要的是，各位應該好好思索，夫差懷抱如此深仇，會是什麼原因才能說服他？

要說服一個人，首先要找對人，這才能事半功倍。句踐請文種去找吳國政壇目前的紅人伯嚭，希望他從中調和，讓吳王接受越王投降。

伯嚭為何要冒夫差大怒的危險，來幫越國請降？很簡單，因為這樣對他有利。

除了越國會送上豐厚的賄賂外，更重要的是，吳國主戰派的首領是老臣伍子胥，伯嚭這樣的新朝紅人，豈會希望伍子胥一家獨大？

夫差為何此時不報殺父之仇，而接受越國請降？很簡單，因為這樣對他有利。

從後來的歷史發展來看，夫差一心想要北進中原，成為天下霸主，完成吳國歷代君王夢寐以求的偉業，這是他最大的心願。霸主也就是諸侯的盟主，要成為盟主，得先有屬國，越國的歸附豈不正中他下懷？更重要的是，吳國主戰派的首領是老臣伍子胥，像夫差這樣的新朝少主，豈會希望伍子胥一家獨大？

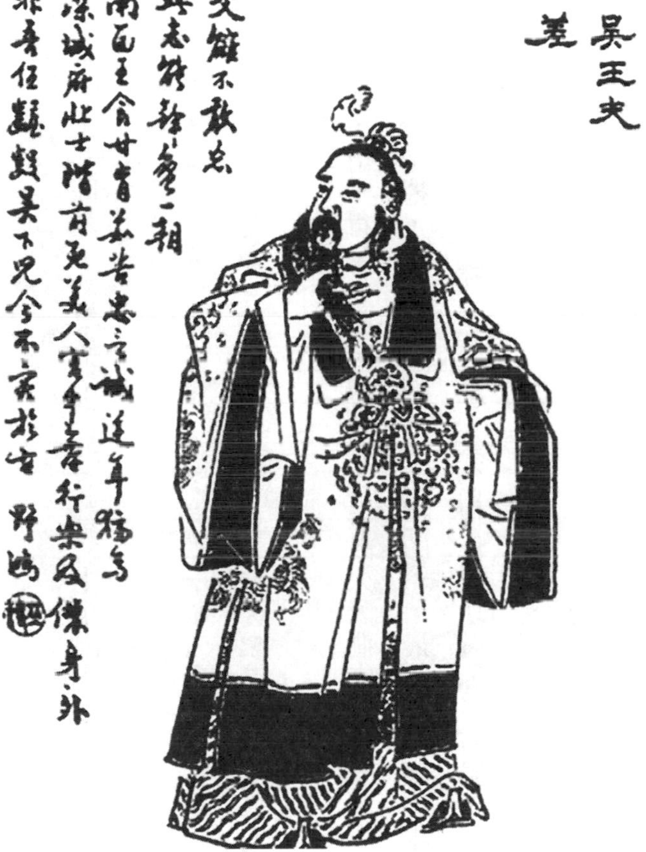

吳王夫差像

吳王將許之。

吳王決定要同意，結果伍子胥就立刻跳出來阻止。

伍子胥諫曰：「昔少康有田一成，有眾一旅。後遂收夏眾，撫其官職。使人誘之，遂滅有過氏，復禹之績，祀夏配天，不失舊物。」

在這裡，伍子胥拿少康中興的歷史典故來諫勸夫差。當年，夏朝曾經被有過氏滅掉，少康是夏朝天子的遺腹子，最後卻能憑著小地寡眾為根基，重新聚集夏朝的舊臣，然後復仇成功滅掉了有過氏，而中興了夏朝。

為什麼伍子胥要特別提少康？因為少康正是越國的始祖。伍子胥要提醒夫差，句踐乃是少康子孫，天生就有能夠隱忍復仇的血統！

「今吳不如有過之強，而句踐大於少康。今不因此而滅之，又將寬之，不亦難乎！且句踐為人能辛苦，今不滅，後必悔之。」

伍子胥又說：「現在吳國再強，也沒有當年的有過氏強；句踐再小，也比當年的少康大。不趁現在把越國滅了，卻寬容讓它有喘息的機會，這不是製造他日的患難嗎！而且句踐這個人身為國君，卻能夠忍耐辛苦，絕非常人，現在不滅，你以後一定要後悔的！」

如果你是夫差，請問你認為伍子胥說得有沒有道理？

太有道理了！可是夫差聽了沒有？他不聽。夫差聽太宰嚭的，太宰嚭主張要接受越國投降。

吳王不聽，聽太宰嚭，卒許越平，與盟而罷兵去。

夫差決定放過越國，跟它保持和平，讓越國做為吳國的屬國，然後就撤退了。

既然伍子胥說得有道理，為何夫差不聽？因為沒有說中他的心。我在前面幾本書曾經說過，這個社會的基本規則就是需要和有用。你有用不代表對方會重視，因為他不覺得他需要。

夫差在當太子時打敗楚國，剛任吳王就戰勝先王都無法戰勝的越國，設身處地的想，他怎能不志得意滿？怎能不覺得自己可以超越歷代先王？怎能不夢想更偉大的事業？

在夫差來看，越國已經投降，不足掛齒。如果他一心滅了越國，豈不讓其他小國寒心，以後還有誰願意歸附吳國？這樣以後怎麼北進？怎麼完成中原霸業？這些老年人，為什麼就不能明白年輕人的夢想和銳氣呢？

老年人不會明白年輕人的夢想和銳氣，但他們明白現實的殘酷。

這是伍子胥第一次諫勸。

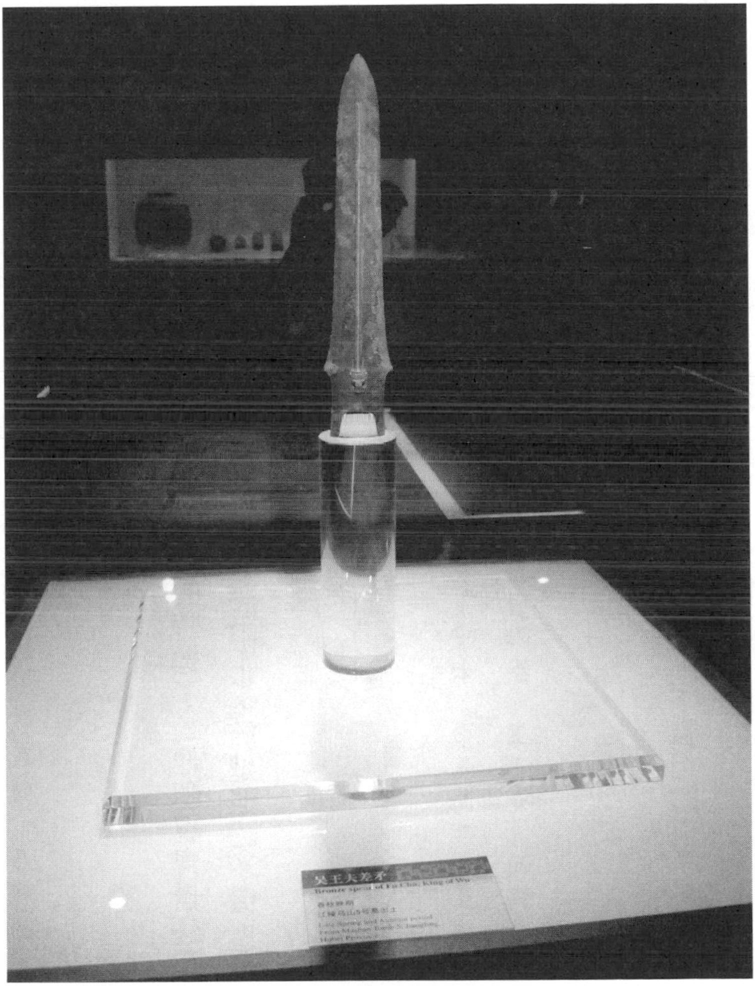

●「吳王夫差矛」，其矛身刻有銘文「吳王夫差，自乍（作）用鉈（矛）」。

七年，吳王夫差聞齊景公死而大臣爭寵，新君弱，乃興師北伐齊。

五年之後，吳王夫差終於等到他要的時機了。他聽說齊景公死了，大臣爭寵而齊國內鬥，新君勢弱，無能阻止。於是他認為機不可失，決定發動軍隊北伐齊國。

少女爭桑，公子爭國，而王就要爭天下了！

子胥諫曰：「越王句踐食不重味，衣不重采，弔死問疾，且欲有所用其眾。此人不死，必為吳患。今越在腹心疾而王不先，而務齊，不亦謬乎！」

就在這個大家意氣風發、志比天高的時候，不識相的伍子胥又跳出來了！

伍子胥警告夫差說：「越王句踐自己飲食簡單、衣服樸素，對百姓弔死問疾，這分明是要收買人心。這人不死，將來一定會成為吳國的大患！現在吳國有越國這樣的心腹大患而不管，卻只專注在齊國上面，這不是太荒謬了嗎？」

伍子胥說得對不對？很對。吳王聽了沒有？沒有。有時不是你說得對，人家就會聽。你說得越對，有時越惹人討厭。

這是伍子胥第二次諫勸。

吳王不聽，遂北伐齊，敗齊師於艾陵。

吳王不聽伍子胥的話，結果他打贏了北方強國齊國！哈哈哈，事實證明我才是對的，伍子胥你看見了嗎？寡人可是你的君王，未來的中原霸者，不要再把我當小孩訓了！

說真話，夫差這次如果打輸了或許還好，偏偏他打贏了。打贏齊國後，他更覺得北方強國不過如此，他有希望爭霸中原，他就越陷越深。

九年，伐魯，至與魯盟乃去。

十年，因伐齊而歸。

十一年，復北伐齊。

接下來，夫差全力經營北方，吳國連年出兵，窮兵黷武，獲得了一連串的勝利，但也付出死傷慘重的代價。

如果你是一心想要復仇的越王句踐，請問這一刻你會怎麼辦？

越王的舉動，出乎常人意料之外。

越王句踐率其眾以朝吳，厚獻遺之。

越王句踐帶領著越國的軍隊去朝見吳王，表示願意全力幫助吳國北伐，而且送了很多很多的軍資和禮物給吳國。他不但沒有落井下石，反而雪中送炭！

這是怎麼回事？

很簡單，因為伍子胥還在！只要此人不死，越國就沒有必勝的把握。但如今越王的表現，可以證明伍子胥錯疑了越國，夫差將會更相信越國，也會更堅定北伐的決心。

吳王喜，唯子胥懼，曰：「是棄吳也。」

夫差太高興了，只有伍子胥感到深深的恐懼。因為他知道事情再也無可挽回，夫差一定會北伐，而越國一定會滅吳，因此他說：「上天要拋棄吳國了！」

伍子胥決定盡他人生最後一次的努力。

諫曰：「越在腹心，今得志於齊，猶石田，無所用。且盤庚之誥有顛越勿遺，商之以興。」

他第三次諫勸吳王夫差，他說：「越國才是我們的心腹之患，齊國對我們就好像是一塊上面只有石頭的田地一樣，完全沒有用處。當年商王盤庚訓示臣民要除惡務盡，所以商朝才能興盛。」

是啊，就算打贏了齊國，齊國那麼遙遠，吳國又無法控制。結果在旁邊的越國，卻不去防備它，這不是捨本逐末嗎？

吳王不聽，使子胥於齊。

●商王盤庚訓示臣民除惡務盡，因此在將國都遷往殷之後，下詔全國要厲行節儉，杜絕奢侈，以絕歪風邪風的滋長。

夫差還是不聽，他已經決心和齊國交戰，卻還把伍子胥派到齊國去出使。雖然不知道他交代給伍子胥什麼樣的任務，但這種情勢下可想而知的是，絕不會是什麼好任務。

子胥屬其子於齊鮑氏，還報吳王。吳王聞之，大怒，賜子胥屬鏤之劍以死。

伍子胥出使齊國的時候，他知道吳國就要完蛋了。於是他決定把自己的兒子，托付給齊國的名大夫鮑氏，也就是鮑叔牙的後代，然後他一個人回來還報吳王。

夫差聽說伍子胥出使齊國，居然偷偷把兒子留在敵國。他非常憤怒，於是決定送給伍子胥一口名為屬鏤的寶劍，意思就是要他自殺！

●鮑叔牙像

> 將死，曰：「樹吾墓上以梓，令可為器。抉吾眼置之吳東門，以觀越之滅吳也。」

伍子胥自殺之前，他說：「在我的墓前種上梓樹，將來可以做器物。把我的眼睛挖出來，然後放在吳國的東門上，我要親眼看到越國怎麼把吳國滅掉。」

為什麼要求種梓樹？因為古人認為梓木最適合做棺材用，所以後來皇帝的棺材就叫「梓宮」。他的意思就是，在他的墓上面種梓樹，等梓樹長大以後，正好給吳王夫差做棺材用。

為什麼要求把眼睛放在東門？因為越國如果攻打吳國，必從東門進來。

各位看看伍子胥的性格，到死都如此激憤，這是一個有多麼強烈性情的人！最後伍子胥所說的，都應驗了沒有呢？全部都應驗了！

根據《吳越春秋》，當年闔廬原本不想立夫差為太子，是伍子胥

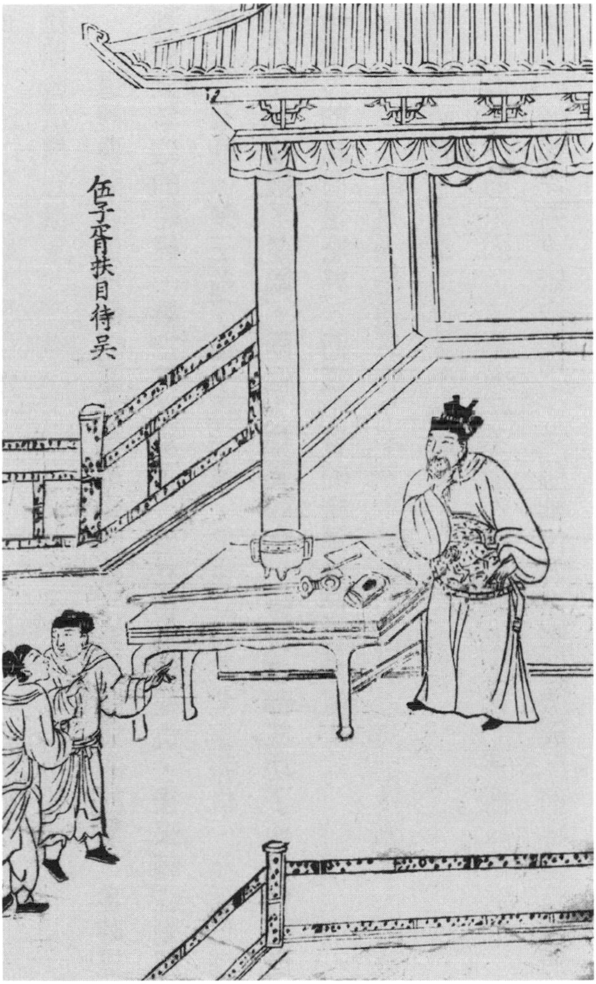

●伍子胥扶目待吳

據理力爭，而後夫差才能繼承王位。闔廬死了，是伍子胥盡心輔佐，而後夫差才能不斷戰勝強鄰。但最後伍子胥居然落得如此下場，也難怪他會這樣怨憤。

這裡要問各位一個問題，我前面的著作寫過張良的故事，當時提到張良年輕的時候，秦把韓國滅了，他立志為韓報仇，後來輔佐劉邦滅亡了秦朝。楚王殺了伍子胥一家，他也立志為全家報仇，後來也輔佐公子光攻破了楚國。兩個人都要報仇，報仇也都成功了。為什麼最後張良的結局這麼好，而伍子胥的結局這麼悲慘呢？

最主要的原因是運氣嗎？不是！張良和伍子胥決定投靠誰，都是事先想過的，這是選擇，不是運氣。

最主要的原因是才華嗎？不是！張良和伍子胥才華都高絕當世，雖然一個輔佐君主統一天下，一個輔佐君主擊敗強國，但那是時代的不同，不能單純歸因於才華。

最主要的原因是，兩個人的道德。

張良要報仇，但他可沒勸人家殺自己的兄弟來幫他報仇吧？但伍子胥為了報自己的家仇，居然幫公子光殺掉他自己的兄弟。張良沒有因報仇而失德，但伍子胥有。

歷史學不講空話，這裡談的不是玄虛的宗教報應，而是最實際的東西。試問各位，連父子兄弟都下得了手，這是什麼樣的人？這是什麼樣的家？這是什麼樣的國？他們連自己的兄弟都敢殺，你伍子胥算誰呀？有朝一日，你觸怒了這種人，他不會連你都殺嗎？

各位記不記得，我上一本書談過的李斯？我在書中說人的吉凶從何而來？就從「物以類聚」來！你身邊聚集的是一群什麼樣的人，你的吉凶就已經注定了。為了爭權奪利，連父子兄弟都殺，你認為你久處在這樣心狠手辣的虎豹豺狼之中，可能會有好結果嗎？

但這裡還要再問，難道伍子胥看不出這一點嗎？他難道不知道吳國注定要滅亡嗎？伍子胥既然能將兒子留在齊國，就證明他其實也有機會離開吳國，他為什麼不離開呢？

為了報答先王闔廬之恩。

伍子胥當年想要報仇，報仇的對象是楚王，必得借一國之力才足以報仇。伍子胥為什麼選擇吳國？就是因為他知道吳國雖然讓讓不已，讓到天下皆知，可是明眼人都能看出吳國傳位有問題，這裡有可乘之機。

伍子胥來了，他想要人家幫他忙，他得先幫人家忙，對吧？所以他先幫公子光的忙，公子光達成心願以後，再來幫他的忙。後來公子光果然幫他報仇，完成伍子胥的心願，因此伍子胥要再回報公子光之恩。所以公子光死後，伍子胥要幫他兒子夫差的忙。

正因如此，伍子胥才三次諫勸夫差有關越國的事。但夫差沒有一次聽從他，他該怎麼辦？他有幾個選擇。

一是坐視吳王夫差胡作非為，裝作沒看見，但這樣做他對不起闔廬。

二是逃跑，離開吳國到其他的國家去。但到其他的國家去，以伍子胥的年紀也不過就多活幾年罷了，這樣將來死了，他怎麼有臉到地下去見闔廬？

因此伍子胥只剩下最後的選擇，就是死諫。

伍子胥到齊國去出使，把兒子托給齊鮑氏，這就叫托孤。托孤的目的，就是因為伍子胥知道自己回吳國必死，而他還要堅持回吳國，各位就知道他的目的是要用自己的死來打動吳王夫差。

伍子胥，是個悲劇人物。他原本可以成為楚國的忠臣，但因為命運捉弄，他不能成為楚國的忠臣，卻成了吳國的忠臣。他有心輔佐夫差成為一代明主，來報答闔廬之恩，但最後卻落得悲劇收場。

這個人，才太高，膽太大，做事如此不擇手段。不惜勸人殺父兄，來替自己報仇，難道他以為這世上真的沒有天道嗎？

第八章

吳國的結局

上一章講完伍子胥的結局，這一章我們來看看吳國最後的結局。不用急，很快了。

吳從海上攻齊，齊人敗吳，吳王乃引兵歸。

就在夫差殺伍子胥的這一年，齊國發生內亂，夫差以討伐弒君之賊為理由，渡海進攻齊國，結果大敗而回。

十四年春，吳王北會諸侯於黃池，欲霸中國以全周室。

但夫差沒有因此放棄稱霸中國的夢想，幾年之後他決定發動傾國之兵北上，在黃池（今河南省封丘縣西南）大會諸侯，完成他扶持周室、稱霸中國的夢想。

但也就在這一刻，越國跟吳國正式翻臉，越王句踐發動傾國之兵進攻吳國。

六月丙子，越王句踐伐吳。

乙酉，越五千人與吳戰。

丙戌，虜吳太子友。

丁亥，入吳。

各位從日期就可以看出吳國潰敗之迅速，丙子開始出兵伐吳，十天後的乙酉就打敗了吳國的軍隊，再一天的丙戌就抓到吳國的太子，再一天的丁亥就攻進了吳國。

吳國人這時只好派出使者求救，而吳王夫差此時還在北邊的黃池和晉國糾纏。

句踐

會日烏喙實雄於吳諸侯相種威逼忠良知人列

指逆王短長咎、驚頓澳、采厲人路

清華維王親經 止石王墨□

●越王句踐像

一場歷史的

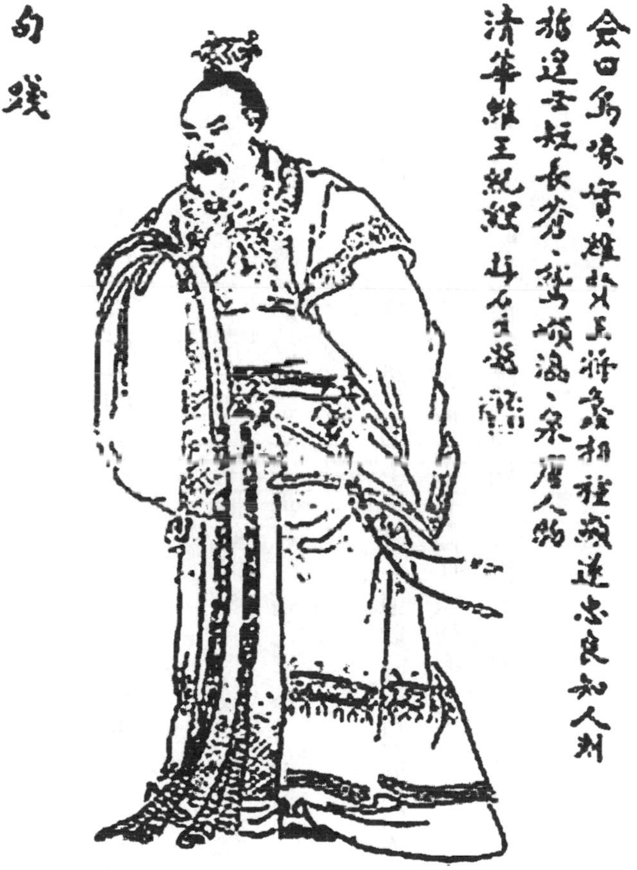

> 吳人告敗於王夫差，夫差惡其聞也。或泄其語，吳王怒，斬七人於幕下。

使者終於趕到黃池，告訴夫差關於越國出兵、吳軍戰敗、太子被擄、國土淪陷的消息。

夫差這時正處於天下諸侯推舉盟主的關鍵時刻，吳國自壽夢以來的夢想眼看就要實現，他怎能接受這樣的消息？這怎能不讓他驚恐而憤怒？

夫差決定封鎖消息，先拿到諸侯盟主再說。但此時消息居然走漏了，吳王非常憤怒，在軍帳底下連續殺了七個涉嫌洩密之人。

殺人是沒有用的，因為消息已經洩漏，真正的關鍵是你有沒有辦法平定亂局。

> 七月辛丑，吳王與晉定公爭長。

七月辛丑，也就是越國攻進吳國的十四天後，黃池之會的高潮來臨了。吳國和晉國正式在會議上爭奪霸主，也就是誰有資格做天下諸侯的盟主。

吳王曰：「於周室我為長。」晉定公曰：「於姬姓我為伯。」

吳王說：「當年吳太伯乃是太王長子，因此在周室姬姓宗族中，我才是長房。」

晉定公說：「長久以來，在姬姓中一直是晉國擔任霸主。」

從上面的對話來看，晉定公並沒有反駁吳王所說於周室他為長的理由。所以吳國是太伯之後這件事，不管後世的人相不相信，至少當時的姬姓宗室是相信的。

趙鞅怒，將伐吳，乃長晉定公。

口舌爭執不下，於是晉國的大夫趙鞅決定翻臉，要與吳國硬碰硬。最後內憂外患的吳國只好屈服，承認晉定公為盟主。幾代夢想，一夕成空，夫差又會有什麼反應呢？

吳王已盟，與晉別，欲伐宋。太宰嚭曰：「可勝而不能居也。」乃引兵歸國。

吳王完成這次令他傷心的盟會，拜別盟主晉國後，他居然想要在回國途中順道進攻宋國。夫差為何要這樣做？因為他不能面對吳國從舉世強國淪落成被人欺凌的局面，他要洩憤，他要找回面子，讓天下人知道吳國還是很強的。

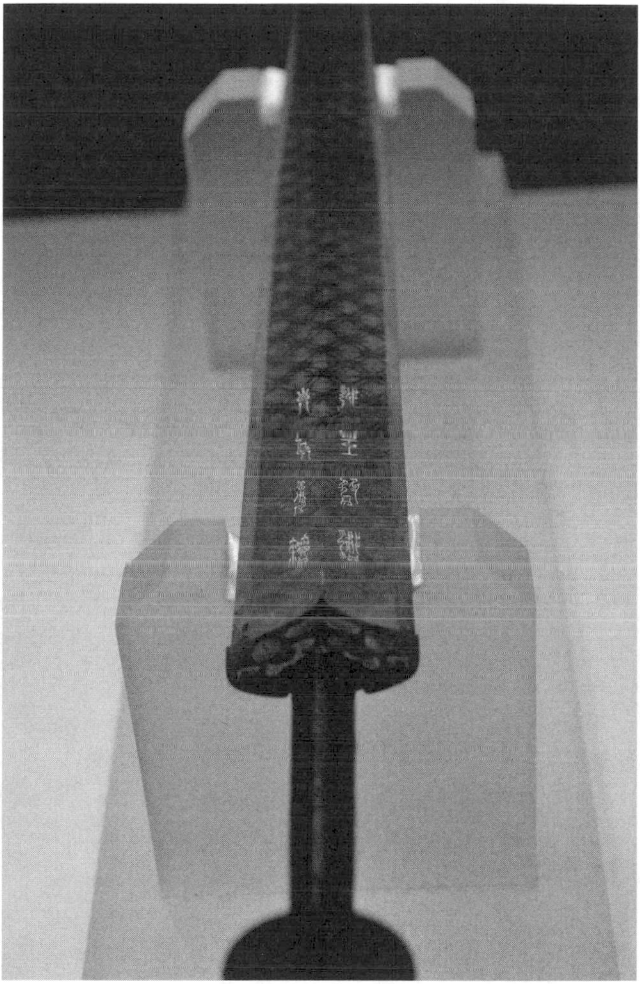

「越王句踐劍」，其劍身刻有銘文「鉞王鳩淺，自乍（作）用鐱（劍）」。
©wikipedia/Siyuwj

●紹興越王台 ©wikipedia/Gisling

這時連一向順從他心意的伯嚭都知道大事不妙，連忙勸夫差：「就算我們打贏宋國又如何，難道能住在這裡嗎？」君臣只能引兵歸國。

如今伯嚭講的話，和伍子胥當初講的有何不同？早知如此，何必當初。

> 國亡太子，內空，王居外久，士皆罷敝，於是乃使厚幣以與越平。

太子被抓，需要贖回。國家空虛，無力再戰。王居外久，需要安民。軍隊疲憊，需要休養。因此吳國只剩一個選擇，就是和越國談和。

吳越風水輪流轉，這一次換吳國送重禮來向越國乞和，希望能休養生息，以圖他日再戰。

越王句踐雖然接受了吳國的求和，但這並不代表他會放過吳國。

十八年，越益強。越王句踐率兵復伐，敗吳師。

二十年，越王句踐復伐吳。

二十一年，遂圍吳。

越國越來越強，吳國越來越弱，越王接連數年出兵伐吳，絕不讓吳國有東山再起的機會。

因為當年就是因為吳王放過了句踐，而後句踐才有今天，他又怎麼會再犯同樣的錯誤？

二十三年十一月丁卯，越敗吳。越王句踐欲遷吳王夫差於甬東，予百家居之。

吳王夫差二十三年的十一月丁卯，連日期都清清楚楚，越王打敗了吳國最後的軍隊。句踐決定不殺吳王夫差，把他流放到偏遠的舟山島去，給他一百家的賦稅供應生活所需。

等等，剛才才說當年就是因為吳王放過了句踐，而後句踐才有今天，他又怎麼會再犯同樣的錯誤？怎麼現在句踐就放過夫差了呢？

夫差願不願意接受這樣的條件？他不願意。為什麼？

當年越國投降吳國的時候，吳王夫差曾經讓越王句踐夫妻穿上奴僕的衣服，幫自己養馬、倒水、挑糞、灑掃，加以百般凌辱，這在《吳越春秋》中都寫得很清楚。人壓抑得越深，日後發洩就越強烈，能忍的人必定狠。越王句踐為了報仇，已經忍了那麼久，他會不報復你吳王夫差嗎？他留著你一條命，不就是為了日後能不斷折磨你取樂嗎？你看句踐後來怎麼對付功臣文種、范蠡的，還不清楚這是個什麼樣的人嗎？

●范蠡像

吳王夫差心裡比誰都明白，他不願意再受折磨，因此他最後講了一句話。

吳王曰：「孤老矣，不能事君王也。吾悔不用子胥之言，自令陷此。」遂自剄死。

夫差說：「我老了，怎能像當年越王侍奉我那樣再去侍奉他呢？我唯一後悔的是，沒有聽伍子胥的話，才會落得今天這個地步。」於是他決定自殺。

到這一步，後悔也來不及了。不過雖然來不及，跟別的亡國之主相比較，吳王夫差還是比較強的。

比誰強？比秦二世強。吳王夫差至死方悔，秦二世至死不悔，胡亥死到臨頭還在跟要殺他的人不斷討價還價，吳王夫差終究還是死得像個王者。但是像歸像，沒有用，還是要死的。

越王句踐明知會受折磨，但仍然堅持面對；而吳王夫差明知會受折磨，就寧願一死。身為一國之君，兩人的高下不是已經很清楚了嗎？吳王敗給越王，不是沒有道理的。

> 越王滅吳。

越國終於滅亡吳國了，本來故事應該到此為止。但如同〈秦始皇本紀〉一般，太史公在這裡突然加上了神來一筆。

> 誅太宰嚭，以為不忠，而歸。

《史記》為什麼是本奇書？前人為何誇獎太史公行文有奇氣？就拿這一篇為例，本來到「越王滅吳」，故事已經講完了，卻偏偏還要再多加這一句。多了這一句話，又好像沒有講完，事實上又表達出了完整的意思，那就是讓後世知道人臣不忠的下場到底是什麼，達到史書的警戒作用。

不盡而盡，不完而完，餘韻無窮，耐人尋味。

最後再來看看〈吳太伯世家〉的「太史公曰」，也就是太史公對吳國歷史的點評，這篇「太史公曰」是寫得相當好的。

> 太史公曰：孔子言「太伯可謂至德矣，三以天下讓，民無得而稱焉」。

各位看，孔子又出現了！史公心中真是念念不忘孔子，可謂神出鬼沒、貫串全書。

太史公引用孔子稱讚吳太伯的話，說他可以算是德的最高水準了。因為他三次讓天下，全都是用做的，一句話也沒說。大家連誇讚他，都不知從何誇起。

子曰：「古者言之不出，恥躬之不逮也。」真心要做，又何必多說？後來吳王諸樊兄弟嘴上讓讓不已，讓到天下皆知，結果又怎麼樣呢？沒有真心，多說又如何？

余讀《春秋》古文，乃知中國之虞與荊蠻句吳兄弟也。

太史公讀了《春秋》古文，才發現原來中原的虞國和南蠻的吳國竟是同出一家，吳國竟是源出周室正宗。

延陵季子之仁心，慕義無窮，見微而知清濁。嗚呼，又何其閎覽博物君子也！

太史公文筆一轉，忽然提到了延陵季子。各位看他給季子多高的評價，說他「仁心慕義無窮」，又說他「見微而知清濁」。前面是推

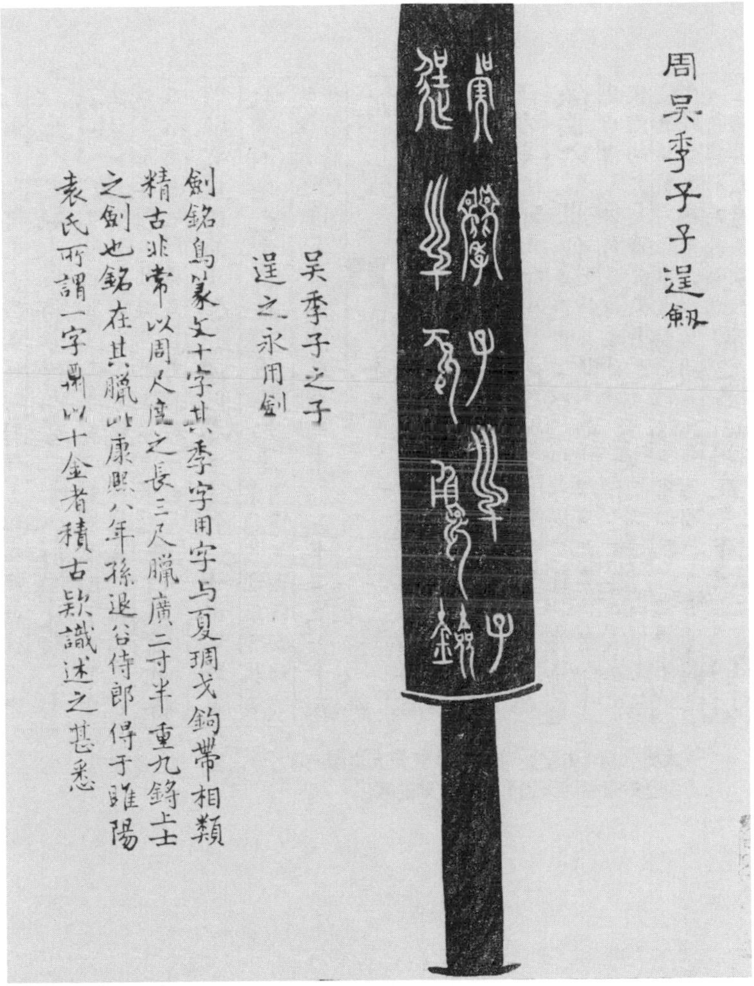
周吳季子子逞劒
吳季子之子
逞之永用劍
劍銘鳥篆文十字其季字用字与夏琱戈鉤帶相類
精古非常以周尺度之長三尺臘廣二寸半重九鋝上士
之劍也銘在其臘此康熙八年孫退谷侍郎得于睢陽
袁氏所謂一字鼎以十金者積古款識述之甚悉

●吳季子之子逞之永用劍

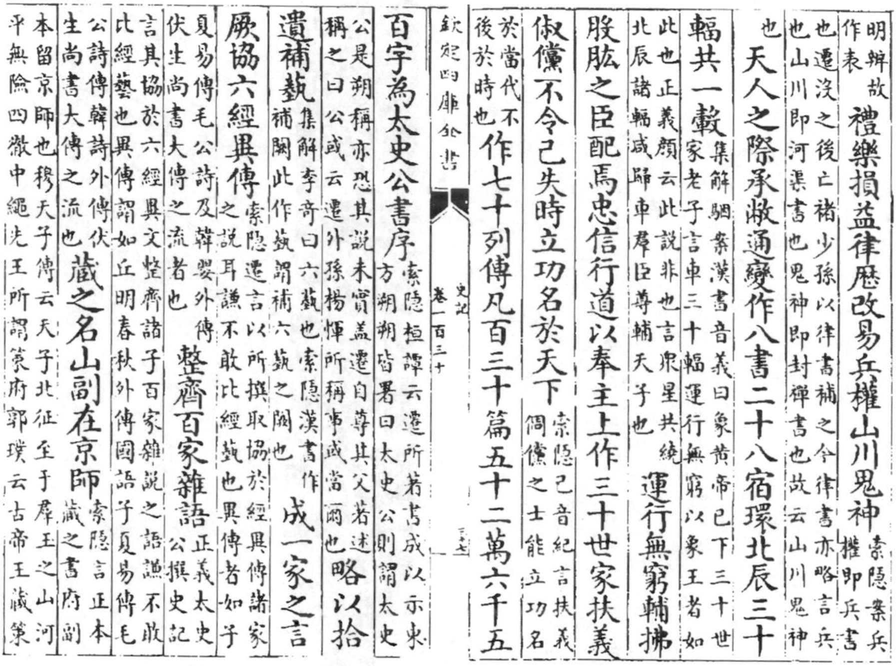
明辨故作表禮樂損益律歷改易兵權山川鬼神索隱案兵權即兵書
也遷沒之後亡褚少孫以律書補之今律書亦略言兵
也山川即河渠書也鬼神即封禪書也故云山川鬼神
也天人之際承敝通變作八書二十八宿環北辰三十
輻共一轂集解駰案漢書音義曰象黃帝已下三十世家老子言車三十輻運行無窮以象王者如
此也正義顏云此說非也言眾星共繞北辰諸輻咸歸車羣臣尊輔天子也運行無窮輔拂
股肱之臣配焉忠信行道以奉主上作三十世家扶義
俶儻不令己失時立功名於天下索隱己音紀言扶義倜儻之士能立功名
於當代不後於時也作七十列傳凡百三十篇五十二萬六千五

欽定四庫全書　史記　卷一百三十

百字為太史公書序索隱桓譚云遷所著書成以示東方朔朔皆署曰太史公則謂太史
公是朔稱亦恐其說未實蓋遷自尊其父著述稱之曰公或云遷外孫楊惲所稱事或當爾也略以拾
遺補藝集解李奇曰六藝也索隱漢書作補闕此作藝謂補六藝之闕也成一家之言
厥協六經異傳索隱遷言以所撰取協於經異傳諸家之說耳謙不敢比經藝也異傳者如子
夏易傳毛公詩及韓嬰外傳伏生尚書大傳之流者也整齊百家雜語正義太史公撰史記
言其協於六經異文整齊諸子百家雜說之語謙不敢比經藝也異傳謂如丘明春秋外傳國語子夏易傳毛
公詩傳韓詩外傳伏生尚書大傳之流也藏之名山副在京師索隱言正本藏之書府副
本留京師也穆天子傳云天子北征至于羣王之山河平無險四徹中繩先王所謂策府郭璞云古帝王藏策

●太史公寫《史記》，是為了「究天人之際，通古今之變，成一家之言」，由歷史來探討天道和人事之間的關係。

崇他的道德，後面是盛讚他的智慧。

嗚呼，又何其閎覽博物君子也！

這樣道德與智慧都俱備的人物，可謂「閎覽博物君子」，當之無愧！但季札再有道德，再有智慧，卻救不了自己的家，也救不了自己的國，因此史公悲傷難過，只能感嘆「嗚呼」二字了！

季札的道德出眾，在眾人爭權奪利的環境下，始終沒有迷失自己的本心。季札的智慧高超，可以從小事就看出未來列國的局勢發展。如此一個有道德、有智慧的人物，卻生在這樣虎豹環伺的家庭中，人力有時而窮，不是想怎麼樣就能怎麼樣的。在這種情況下，他唯一能做的事情，只有保全自己的志節，希望用具體的行動以讓化爭，來感化他的父子兄弟。

人力已經盡了，但家人會不會被感化？不知道。最後能不能成功？不知道。這一切還要看天意，所以才說「以待天命」。《史記》說「究天人之際」，絕無虛言。

空談理想，那世上沒有什麼事情是辦不到的。但回到現實，人類永遠是在不得已中，努力作出最好的選擇。如果各位還是認為季札不應該讓國，應該加入戰團，勇敢地接下王位，《史記》就舉了另外一個例子給你看，那就是相信凡事能以人力強為的伍子胥，試問他除了賠上自己外，難道就能救了吳國嗎？事實上，吳國走到後來的命運，難道伍子胥沒有責任嗎？

當然，各位可能還有疑問。季札這樣做，最後不也沒有改變任何東西，就只保全了他自己，不是嗎？

當然不是！季札不只保全了他自己，他還替後世留下一個「仁心慕義無窮」的典範，否則《史記》何必寫他？我們又何必讀他？為什麼本篇「太史公曰」一開始講太伯，而最後要講季札？史公就是要告訴你，在他來看，吳國唯有季札所作所為無愧於太伯之風。

如果吳國子孫人人如此，就不會有後來的命運，可惜吳國就只出了一個季札。

季札救不了吳國，因為吳國沒有人想要被救。就算智慧足以看清所有局勢的發展，但面對不想被救的國家，又能怎麼樣呢？

後記——

中國傳統歷史教育的目標

「學歷史到底是為了什麼」？這是通貫我這幾本書中共同的主題。現代史學教育往往強調對歷史知識的掌握，以及培養從史料中勾稽史實真相的能力，這很好。但中國傳統史學，卻存在著另外一個不同的目標。

在中國傳統文化中，有著這樣的一個觀點。歷史學不應該只屬於少數的歷史專業工作者，而是應該屬於所有的人，特別是有心於經世濟民的人。這種歷史教育，不重枝微末節，而是強調對於歷史的大脈絡、大關鍵、大階段的掌握，強調如何從紛紛擾擾的歷史現象中，抽繹出若干古今共通的大原則，以俾能對今人有所幫助。

一個國家興盛時，會有哪些徵兆？一個國家快衰亡時，又會有哪些現象？誰是能幫助大家的賢人？誰又是禍亂國家的奸人？什麼樣的人會成功？什麼樣的人會失敗？什麼樣的人才能得到好結果？又有什麼樣的人會成為悲劇英雄？類似這樣「治亂賢奸」的問題不斷在史書中提問，也不斷在所有讀史書的人的內心中提問。

在臺灣大學教書，當我的學生拿各式各樣的人生疑惑來問我時，我往往會回答：「你覺得你是歷史上第一個遇到這種問題的人嗎」？你是有史以來第一個失戀的人嗎？你是有史以來第一個擔心將來工作的人嗎？你們是有史以來第一代熱血青年嗎？你們是有史以來第一個不知何去何從的世代嗎？如果都不是，為什麼不去看看前面和你有類似問題的人，他們是怎麼選擇的？又如何解決了他們的問題？

我始終認為，教育的目的只有一個：就是培養人才。什麼叫做人才？能解決問題的，才叫人才！能解決小問題的是小才，能解決大問題的是大才。而歷史教育要培養的，乃是眼光和胸懷不局限於當代，而能解決當代問題，並提出長遠規劃的人才。培養「通古今之變」的人才，這正是中國傳統歷史教育最重要的目標。

在我的人生中，何其有幸的遇見許多好老師，他們讓我看到了中華文化真正了不起的地方。寫這幾本書，不過就是為了盡一份「為往聖繼絕學」的責任而已。至於能不能「為萬世開太平」，就只能寄予希望給讀書的各位了。

【附錄1】

春秋形勢示意圖

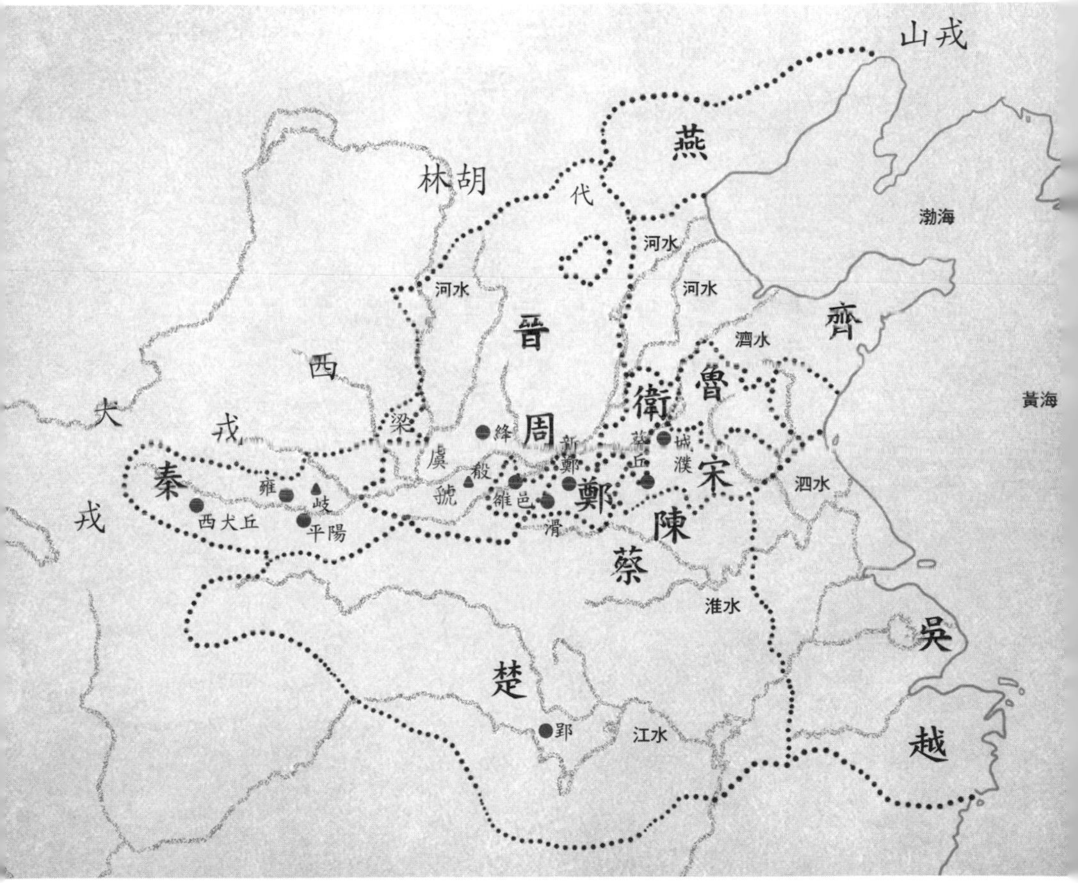
山戎
燕
林胡
代
渤海
河水
河水
河水
晉
齊
濟水
西
魯
衛
犬
黃海
戎
梁
絳
周
新
鄭
葵
丘
城
濮
虞
殽
宋
秦
雍
岐
虢
雒邑
鄭
泗水
戎
西犬丘
平陽
滑
陳
蔡
淮水
吳
楚
郢
江水
越

戰國形勢示意圖

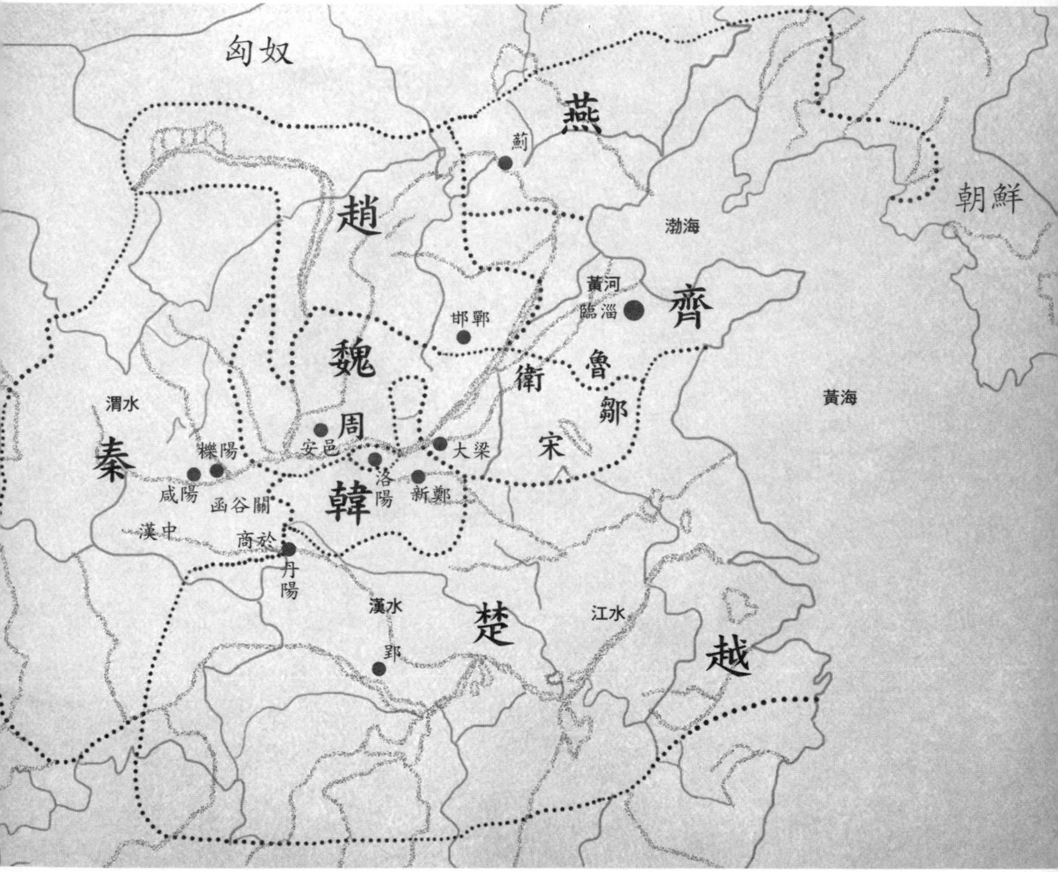
匈奴
燕
薊
趙
朝鮮
渤海
黃河
臨淄
齊
邯鄲
魏
衛
魯
渭水
鄒
黃海
周
安邑
大梁
宋
秦
櫟陽
洛陽
新鄭
咸陽
函谷關
韓
漢中
商於
丹陽
漢水
江水
楚
郢
越

【附錄2】

吳國世系圖

吳國先公

太伯→仲雍→季簡→叔達→周章→熊遂

→柯相→彊鳩夷→餘橋疑吾→柯盧→周繇

→屈羽→夷吾→禽處→轉→頗高→句卑

→去齊→壽夢

吳王

壽夢→諸樊→餘祭→餘眛→僚→闔廬→

夫差

國家圖書館出版品預行編目資料

霸王之夢：一場歷史的思辨之旅 4 / 呂世浩作 . -- 初版. -- 臺北市：平安文化, 2017.02 面； 公分. -- (平安叢書；第 547 種)(知史；08)

ISBN 978-986-94066-3-5 (平裝)

1. 春秋史 2. 通俗史話

621.62 105025306

平安叢書第 0547 種

知史 [8]

霸王之夢

一場歷史的思辨之旅 4

作 者—呂世浩
發 行 人—平 雲
出版發行—平安文化有限公司
台北市敦化北路 120 巷 50 號
電話◎ 02-27168888
郵撥帳號◎ 18420815 號
皇冠出版社 (香港) 有限公司
香港銅鑼灣道 180 號百樂商業中心
19 字樓 1903 室
電話◎ 2529-1778 傳真◎ 2527-0904
總 編 輯—許婷婷
責任編輯—蔡維鋼
美術設計—王瓊瑤
著作完成日期— 2016 年 11 月
初版一刷日期— 2017 年 02 月
初版八刷口期— 2024 年 04 月
法律顧問—王惠光律師

讀者服務傳真專線◎ 02-27150507
電腦編號◎ 551008
ISBN ◎ 978-986-94066-3-5
Printed in Taiwan
本書定價◎新台幣 280 元 / 港幣 93 元